Alice Vollenweider
Hugo Loetscher

Kulinaritäten

*Ein Briefwechsel über
die Kunst und die Kultur
der Küche*

Diogenes

Der Briefwechsel erschien
erstmals 1975 in Fortsetzungen in der
Neuen Zürcher Zeitung
Die erste Buchausgabe erschien 1976
im Benteli Verlag, Bern
Im Diogenes Verlag erschien
Kulinaritäten erstmals 1991 als
Diogenes Taschenbuch
Das Register der Rezepte wurde für die
vorliegende Ausgabe hinzugefügt
Umschlagillustration: Henry John,
›Wok‹, 2009 (Ausschnitt)
Foto: Copyright © Private Collection/
The Bridgeman Art Library

www.diogenes.ch
50/13/8/1
ISBN 978 3 257 06847 4

Schon die Form machte neugierig: Ein Briefwechsel, der über ein Jahr lang über eine Zeitung geführt wurde, und dies zu einer Zeit, als das Kulinarische noch nicht Mode war, und diese Korrespondenz nun als Buch, was einem erspart, auf den nächsten Brief zu warten.

Inhalt

Die harte Linie der schwarzen Bohnen

Der Briefwechsel begann mit einem konkreten Ereignis. Hugo Loetscher stand verloren vor einem Warenhaus; er war eben aus einem Delikatessen-Underground ans Tageslicht gekommen, und zwar mit leeren Händen. Da traf ihn zufällig Alice Vollenweider und wollte wissen, weshalb er sich überhaupt an einem solchen Ort aufhalte. Hugo Loetscher erzählte der Autorin von ›Aschenbrödels Küche‹, er habe schwarze Bohnen gesucht, aber keine gefunden, nun stehe er da und wisse nicht mehr weiter. Nach einigen Tagen erhielt er ein Paket besagter schwarzer Bohnen mit einer Karte, die auf seinen Roman ›Abwässer – Ein Gutachten‹ anspielte:

»Für den Inspektor, der sich im Souterrain der Lebensmittel offensichtlich weniger gut auskennt als in demjenigen der Abwässer. Von Aschenbrödel.«

4. Januar 1975

Liebes Aschenbrödel,

ja, es sind die richtigen schwarzen Bohnen – aber damit hat es sich auch schon. Ich sagte Dir damals, als ich Dich vor dem Warenhaus traf, ich hätte gerne einmal eine Feijoada gemacht, hic et nunc in Zürich, und dass man dafür schwarze Bohnen braucht. Die habe ich jetzt, dank Dir. Aber eine Feijoada habe ich immer noch nicht.

Dabei – ich habe alles gemacht, wie es im Büchlein stand, und ich habe ein Büchlein *Lateinamerikanische Küche*. Ich habe also die Bohnen eine Nacht lang eingeweicht, und dann habe ich sie gekocht. Im Büchlein stand »zwei Stunden«. Nach zwei Stunden waren sie so hart wie am Anfang. Also ließ ich sie noch eine Stunde auf dem Feuer. Das hat auch nicht geholfen. Dann habe ich eine Büchse Erbsen aufgemacht, nur um zu wissen, wie etwas ausschaut, das weich ist.

Was habe ich falsch gemacht? Man sagte mir, ich hätte die Bohnen nicht einfach in Wasser, sondern in Salzwasser legen sollen, aber davon stand nichts im Büchlein. Und dann habe ich, um ehrlich zu sein, die Bohnen einen Tag lang stehen lassen, ich habe sie nicht nach der durchweichten Nacht, sondern erst am folgenden Tag aufs Feuer getan – jedenfalls sind sie noch immer in diesem Topf und hart wie am ersten Tag. Mag sein, dass es eine Erklärung dafür gibt, ich habe mir auch die meine zurechtgelegt – sofern es eine Psychoanalyse für Bohnen gibt. Haben sie sich vielleicht deswegen verhärtet, weil sie nach einer aufgeweichten Nacht auf den Kochtopf warteten und dann nicht hineinkamen, also ein reines Ressentimentverhalten?

Viel plausibler scheint mir aber eine andere Erklärung zu sein. In Brasilien, woher die Bohnen stammen, regieren die Militärs, und dort geben solche den Ton an, bei denen die »linha dura« vorherrscht, die harte Linie. Es könnte ja sein, dass inzwischen auch die Bohnen gleichgeschaltet worden sind und auf die harte Linie übergingen. Warum sollen sich nur Literatur, Theater, Film und Wissenschaft anpassen? Das sind eh nur die Probleme einiger weniger, während die schwarzen Bohnen eine Volksnahrung sind.

Also was tun? Soll man sie, ich meine die Bohnen, ins Salzwasser legen?

Mit besten Grüßen *Hugo*

Im Notfall Natriumbikarbonat

7. Januar 1975

Lieber Hugo,

die Philosophie der schwarzen Bohnen fließt Dir leichter aus der Feder als die exakte Beschreibung eines Kochvorgangs. Du schreibst: »Ich habe die Bohnen eine Nacht lang eingeweicht, und dann habe ich sie gekocht.« So summarisch geht es nicht. Hast Du die Bohnen in kaltem oder warmem Wasser eingeweicht? Hast Du sie im Einweichwasser oder in frischem Wasser gekocht? Und wann hast Du sie gesalzen? Das sind keine nebensächlichen Fragen; denn die billigen, nahrhaften und bescheidenen Hülsenfrüchte sind in einer Hinsicht anspruchsvoll: Zum Weichwerden brauchen sie möglichst reines Wasser. Und ich wette, Du hast nicht daran gedacht, dass der hohe Kalkgehalt des Schweizer Wassers beim Garen der südamerikanischen Bohnen ein Störfaktor ist. Die drei Grundregeln für das Kochen von Bohnen aller Farben sind deshalb: 1. Man weicht sie in warmem Wasser ein. 2. Man kocht sie im Einweichwasser. 3. Man salzt sie erst, wenn sie weich sind.

Jetzt muss ich Dir allerdings aus eigener Erfahrung gestehen, dass die schwarzen Bohnen aus dem Delikatessen-Underground auch bei der Beachtung dieser drei Regeln nicht weich werden. Wahrscheinlich sind sie älter als ein Jahr, und das sollten Hülsenfrüchte nie sein. Du brauchst deshalb aber nicht zu resignieren, sondern kannst Dir oder besser den Bohnen mit Natriumbikarbonat helfen. Du bekommst es ganz billig in einer Drogerie und kriegst damit die härtesten Bohnen weich (1/2 Teelöffel im Kochwasser genügt). Und bist im Besitz eines der vielseitigsten Hausmittel. Gegen einen überfüllten Magen gibt es zum Beispiel nichts Besseres als eine Messerspitze Natriumbikarbonat. Im Ernst: In Neapel, wo alle Leute leidenschaftlich gern Fettgebackenes essen, kannst Du in jeder Trattoria nach dem »fritto misto« eine »bustina di bicarbonato« verlangen; der Kellner wird es Dir verständnisvoll in einem Glas Wasser auflösen, und Du fühlst Dich in zehn Minuten wieder munter. Daneben dient Natriumbikarbonat auch als Backpulver, zur Herstellung von Mineralwasser, zum Waschen von Früchten und Gemüsen, als Badezusatz, zum Reinigen des Kühlschranks, gelb gewordener Zähne und der Teppiche, zum Löschen kleiner Küchenbrände und zum Entsteinen der Kühler von Automobilen. Das alles steht auf der Schachtel, die ich vor einem Jahr für 200 Lire in Mailand gekauft habe.

Nach so viel Bohnenkochtheorie möchte ich nun aber gern wissen, was eine Feijoada ist.

Viele Grüße *Alice*

Steckbrief der Feijoada

11. Januar 1975

Liebe Alice,

ich tue also Natriumbikarbonat hinein, damit die Bohnen weich werden. Was tue ich nicht alles, um zu meiner Feijoada zu kommen.

Nun möchtest Du auch noch wissen, was das ist. Schön: Es ist etwas Gutes, und zwar etwas sehr Gutes. Es ist das brasilianische Nationalgericht, was allerdings auch schon wieder nicht stimmt. Es ist ein typisches Gericht für Rio und hat sich von dort ausgebreitet. Es ist eine Mahlzeit, die man gewöhnlich samstags aufträgt. Es ist ein gemütliches Essen, eines, das sich für einen größeren Kreis eignet und wofür die Gäste nicht abgezählt werden müssen; man kann immer noch einen mehr mitbringen – Du siehst, es ist ein ausgesprochen unschweizerisches Essen.

Um deutlich zu werden: Es ist ein Eintopf. Die Basis oder, was viel schöner klingt, das Geheimnis sind eben die besagten schwarzen Bohnen – »feijão«, wie sie heißen, und nach diesen Feijão-Bohnen heißt auch die Mahlzeit »Feijoada«, also Bohnengericht, und gewöhnlich heißt sie auch noch »komplette Feijoada«, wegen all dem, was hineinkommt, und das ist nicht wenig.

Es kommt nämlich Fleisch hinein, vom Schwein und nur vom Schwein. Aber in zwei Varianten: gesalzen und geräuchert, in erster Linie aber gesalzen: Schnörrli, Schwänzli, Öhrli, Füssli und was so ein Schwein sonst noch in der Richtung hat. Nun wirst Du aber bei unseren Metzgern nicht ohne weiteres solche gesalzene Stücke vom Schwein bekommen. Also musst Du dem Metzger ausrichten, er solle die Stücke ins Salz legen, ein paar Tage vorher natürlich. Ein bisschen planen muss man schon. Allerdings brauchst Du dann das Fleisch nicht zu wässern, da es aus dem Salzfass kommt. In Brasilien wäre das anders. Da wird das gesalzene Fleisch wieder getrocknet, und es wäre viel zu salzig, wenn Du es nicht wässern würdest.

Und dann tust Du auch noch Speck hinein, grünen und geräucherten. Und wenn Du ganz fein sein willst, Rippli. Auch Würste gehören hinein. Die Luganighe kommen den brasilianischen am nächsten.

So weit kein Problem. Aber nun kommen die Schwierigkeiten. Für eine stilechte Feijoada braucht es »carne seca«, und das findest Du hier beim besten Willen nicht. Trockenfleisch heißt das schlicht und einfach, es ist luftgetrocknetes Fleisch. Eine Konservierungsmethode, die für den brasilianischen Nordosten typisch ist. In der Tropenluft getrocknetes Fleisch – nun, es ist am Ende auch nur getrocknet. Und gesalzen. Und man tut nur so viel hinein, um den Geschmack zu heben, es ist am Ende ganz zerkocht. Aber da Du dies eh nie auftreiben wirst...

Es kommt nämlich noch etwas dazu, was man nicht findet bei uns. Am Ende streut man über das Ganze – aber ich sehe, ich fange wieder einmal hinten an, beim Essen. Wie ich Deine frauliche Logik kenne, willst Du natürlich vorn anfangen, beim Zubereiten.

Also gut: Dann setzest Du halt Deine schwarzen Bohnen auf und lässt sie zwei Stunden kochen. Dann nimmst Du etwas vom Bohnensaft. Vorher hast Du noch sehr viel Zwiebeln ziemlich grob gehackt und ebenso reichlich Knoblauch (nicht so grob gehackt); nun tust Du Zwiebeln und Knoblauch in eine Pfanne, zusammen mit dem Bohnensaft und dazu einige Schöpfkellen Bohnen. Diese Bohnen zerdrückst Du ganz fein, bis ein Brei entsteht. Ein richtiges Mus muss entstehen. Und ein Lorbeerblatt kommt auch noch hinein. Das Bohnenmus gibt dann jene Sauce, die man in Euren Kreisen, glaube ich, sämig nennt.

Das Bohnenmus kommt zurück zu den Bohnen, die nun zusammen mit dem Fleisch gekocht werden – wie lange, das ist gar nicht wichtig. Von nun an kann es auf dem Feuer bleiben. Bevor Du servierst, kannst Du nach Belieben würzen – mit Tabasco und auch Pfeffer.

Man reicht dazu Trockenreis, das ist kein Problem. Man serviert dazu auch ein Gemüse, nämlich »couve mineiro«, einen Blattkohl aus dem Staate Minas Gerais.

Ich habe eine Freundin, die lange in Brasilien lebte und die nun wieder in der Schweiz ist, und die hatte einen genialen Einfall: Sie hat etwas gefunden, das dem brasilianischen Blattkohl ziemlich nahe kommt. Man nimmt nämlich Krautstiele – aber eben: man nimmt die langen und schönen Blätter. Man schneidet die weißen Rippen heraus. Also: Was man sonst auf den Tisch bringt, das gibst Du in den Schweinetrog, und was Du sonst den Schweinen gibst, das kochst Du – superb. Du schneidest die Blätter in lange, feine Riemen; diese werden mit heißem Wasser übergossen (gebrüht nennt man das, glaube ich). Dann werden sie in Fett und Öl und mit ganz wenig Bouillon gedämpft. Nicht allzu lange, sie müssen grün bleiben und dürfen nicht die Farbe verlieren und schwarz werden. Das ist übrigens ein Gemüse, das man auch ohne Feijoada auf den Tisch stellen kann.

Bitte: Das Bohnengericht, der Trockenreis, das Krautstielgemüse, und nun hätte ich fast vergessen, es gehören Orangen dazu. Pro Person kannst Du eine rechnen. Die Orangen geschält und geschnitten. Und dann käme noch Mandioka auf den Tisch, Farinha.

Dieses Farinha ist Mandiokamehl, ein sehr grobes Mehl, eigentlich eher ein Grieß. Es wird aus der Mandiokawurzel gemacht. Die Brasilianer streuen praktisch über alles, was in einen Teller kommen kann, Mandiokamehl. Ohne Farinha geht es nicht in einem brasilianischen Haushalt. Es spielt in der Volksnahrung eine wichtige Rolle. Auch eine traurige. Denn es stopft die Bäuche, ohne dass es großen Nährwert hätte.

Solches Mandiokamehl habe ich allerdings, von meiner letzten Reise her. Falls Du eine Feijoada kochen willst, würde ich Farinha mitbringen – sofern Du mich dazu einlädst. Auf einen mehr oder weniger kommt es ja nicht an, wie ich Dir eingangs erklärte.

Mit Grüßen *Hugo*

Das Geheimnis der Knoblauchspaghetti

18. Januar 1975

Lieber Hugo,

warum in aller Welt sollte ich Dich zu einem brasilianischen Bohnengericht einladen, nachdem Du mir in Deinem Brief das Rezept der Feijoada so vertrauenerweckend beschrieben hast? Ich bin jetzt nämlich fast sicher, dass Du kochen kannst und bei Dir zu Hause die Attitüde des schreibenden Weltmanns, der in praktischen Dingen hilflos ist, ablegst. Darum warte ich auf die Feijoada an der Storchengasse.

Was mich an Deinem brasilianischen Rezept verblüfft, ist die Mischung von schwarzen Bohnen, Reis und Mandiokamehl. Das ist nichts für kalorienbewusste Zeitgenossen, die den Kohlenhydraten aus dem Wege gehen und ihr Steak am liebsten mit Salat verzehren. Das ist die Kochkunst der armen Leute, die vor allem Hunger stillen muss und doch auf Phantasie nicht verzichtet und die billigen und nahrhaften Grundnahrungsmittel miteinander kombiniert.

Dass diese Kombinationen köstlich schmecken, dafür gibt es auch in der Schweizer Küche viele Beispiele. Man findet sie allerdings nicht in den Schweizer-Spezialitäten-Kochbüchern – die sind durch Tourismus und moderne Ernährungstheorien korrumpiert –, sondern in den Bauernfamilien aller Landesteile und, wenn man's wissenschaftlich mag, im ersten Band des *Atlas der schweizerischen Volkskunde* auf den beiden Karten »Frühstücksspeisen« und »Freitagsspeisen«. Da sieht man, dass »Riso in cagnone« – Reis und Kartoffeln mit einer Knoblauchschweize – eine verbreitete Tessiner Freitags- und Fastenspeise ist; ebenfalls belegt ist die Mischung von Teigwaren und Kartoffeln, die in Mesocco »Pizochen« heißt; nördlich der Alpen ist dieselbe Kombination als »Schwyzer Hörnli« bekannt: Sie wird mit fädenziehendem Emmentaler – im Kanton Glarus mit Schabziger – bestreut und verlangt nach einer reichlichen Zwiebelschweize. Im Kanton Uri kombiniert man Reis mit Kastanien, im Centovalli Mais mit braunen Bohnen, im Wallis Mais mit Kastanien.

Im Raum des Kulinarischen gibt es da eine Art helvetischer Einheit, die man in den vier Literaturen der Schweiz bisher vergebens gesucht hat. Sie ist wohl noch zu entdecken. Oder glaubst Du, dass die Ernährung eines Schriftstellers keinen Einfluss auf sein Schreiben hat?

Doch zum Thema: Mein liebstes Spaghettirezept beruht auf einer solchen bäuerlichen Mischung von stärkehaltigen Nahrungsmitteln. Es sind die »Spaghetti all'aglio«, die Knoblauchspaghetti, die man auch auf der Speisekarte italienischer Restaurants in Zürich findet. Nur fehlt im Restaurant das Wichtigste: die Kartoffelwürfel, die man fünf Minuten vor den Spaghetti ins kochende Salzwasser wirft. Der Rest ist sehr einfach. Man schneidet den Knoblauch in Scheiben, die in reichlich Butter goldgelb oder goldbraun geröstet werden. Dann lässt man die al dente gekochten Spaghetti zusammen mit den sehr weichen

Kartoffeln abtropfen, vermischt sie mit der heißen Knoblauchbutter und geriebenem Parmesan und bestreut sie mit schwarzem Pfeffer.

Die Kartoffelwürfel absorbieren das Aroma von Butter, Knoblauch, Parmesan und Pfeffer viel intensiver als die Spaghetti. Das ist das Geheimnis dieses schlichten und vollkommenen Gerichts, das man höchstens mit einem Glas Wein ergänzen kann.

Viele Grüße *Alice*

PS. Ein wenig Umgang in den Kreisen, in denen man dickliche Saucen sämig nennt, könnte Dir nicht schaden. Da würdest Du nämlich erfahren, dass Dein pointenreicher Krautstielexkurs keinen Realitätsbezug hat. Es gibt heute kaum mehr Hausfrauen, die die grünen Krautstielblätter wegwerfen. Man weiß zu gut, dass alles Grüne gesund ist, und schätzt die Blätter genauso wie ihre zarten weißen Rippen. Man kocht aus ihnen eine Art Spinat und hebt die Krautstiele für den nächsten Tag auf; man legt sie – in Streifen geschnitten – auf den Krautstielgratin; man verwendet sie als Suppengemüse, und in Italien dienen sie zur Zubereitung der grünen Ravioli.

Menschen aus Mais

25. Januar 1975

Liebe Alice,

Du hast mich auf etwas gebracht, als Du in Deinem Brief davon schriebst, dass in der Volksküche ungeniert Stärke neben Stärke aufgetischt wird. Meine Großmutter zum Beispiel, die kochte den Speck in Linsen und machte dazu Spätzle. Das ist eine schwäbische Variante dafür, wie in der Volksküche die Vitamintabelle keine große Rolle spielt.

Aber es ist etwas ganz anderes, das mich an Deinem Brief beschäftigte, nämlich die Auskunft über das Polenta-Gericht. Ich habe nämlich zum Mais ein eigenes Verhältnis wie kaum zu einer andern Pflanze. Und dies jedenfalls, seit ich den Ursprungskontinent kenne. Die Italiener bezeichneten ja den Mais anfänglich als »grano turco«, als »türkisches Korn«, dabei kam er wie die Kartoffel und die Tomate aus Südamerika, aber was erzähle ich Dir da …

»Maiser«, so heißen die Italiener in den Zürcher Stadtkreisen drei und vier, so wurden sie bei uns zu Hause genannt, und Italiener gab es in diesen Vierteln schon immer. »Maiser« heißen sie, weil sie Mais aßen. Diese Italiener hatten im Keller auch Merluzzo aufgehängt, was für uns Kinder recht spannend war.

Wir holten den Merluzzo mit Stecken herunter, mit denen wir durch die Lattengitter stocherten, und wenn am Stecken gar Salz hängen blieb, leckten wir daran wie begeisterte Kälber.

Jedenfalls gehörte für mich der Mais unabdingbar zu Italien; es war auch im Tessin, wo ich die ersten Maisstauden sah. Der schönste Maiskolben, den ich kenne, befindet sich aber im Museum für Völkerkunde in Berlin, ein Kolben aus Silber mit vergoldeten Blättern, eine realistische Darstellung aus der Inkazeit.

Wenn ich von einem besonderen Verhältnis zum Mais rede, dann meine ich dies nicht nur kulinarisch – obwohl auch das in einem gewissen Rahmen zutrifft. Dabei fällt mir ein: Wenn Du bei uns ein Rezept für die Tortilla liest, dann findest Du gewöhnlich alles richtig angegeben, die Zutaten und die Maße. Aber das Wichtigste fehlt. Nämlich der Hinweis auf das Kalkwasser. Dieser mexikanische Maisfladen erlangt erst dank kalkhaltigem, also nicht enthärtetem Wasser den ihm zukommenden und bekömmlichen Geschmack.

Und dann hat es anderseits etwas Rührendes, wenn man Dir in Argentinien »Mazamorra« vorsetzt, ein Polenta-Gericht, von dem die Argentinier stolz zu berichten wissen, dass die Italiener dieses Essen eingeführt bzw. mitbrachten. Das ist einfach deswegen lustig, weil sie rückimportierten, was es längst vor ihnen schon im ganzen Kontinent gab: die Tamales.

Aber jetzt bin ich genau an dem Punkt, wo ich gar nicht hinwollte. Ich wollte Dir nämlich in ganz anderer Hinsicht vom Mais erzählen. Ich habe schon oft daran gedacht, einmal eine Anthologie über den Mais zusammenzustellen, nicht eine Rezeptanthologie, sondern eine literarische. Und dazu gehörte zum Beispiel ein Lehrgedicht wie dasjenige von Gregorio Gutierrez Gonzales, der von 1826 bis 1872 lebte (das habe ich eigens für Dich nachgeschlagen). Dieser Mann hatte bei der Aufnahme in die kolumbianische Akademie eine Rede zu halten und tat dies in Versen, und als Thema wählte er den »Maisanbau in Antioquia«; damit entstand ein recht bukolisches Bild des Maisanbaus, der Mais wurde damit akademiewürdig.

Jene Stellen zusammenbringen also, in denen vom Mais die Rede ist. Sei es bei Pablo Neruda im *Großen Gesang*: »Wie Mais entkörnte sich das Sein in die unerschöpfliche / Kornkammer vergeblicher Taten, erbärmlicher / Geschehen, vom ersten zum siebten, zum achten; und nicht ein Tod, sondern viele Tode erreichten jeden«, oder seien es die Verse seiner Landsmännin Gabriela Mistral: »Seine wilde Glut / leckt über die Sierras Madres, / der Indio, der sie kreuzt … / als sähe man ihn nicht, Maisfeld um Maisfeld, / bis das letzte weißlich verglimmt.«

Es gäbe meiner Meinung nach eine sehr elementare Anthologie. Meine Absicht wirst Du viel leichter verstehen, wenn ich Dir ein Buch empfehle, nicht ein Kochbuch, sondern einen Roman, die *Maismänner* von Miguel Angel Asturias. Darin würdest Du zum Beispiel lesen: »Nackte Erde. Wache Erde, die schlafen will. Maistragende Erde, überflutet vom Wasser, das von zu langem Wachsein stinkt, von grünen Wassern übernächtigter Urwälder, die dem Mais geopfert wurden. Denn die Maispflanze war zum maispflanzenden Menschen geworden.«

Das Buch dieses Guatemalteken basiert auf dem Maya-Glauben, dass der Mensch aus Mais erschaffen wurde. Verstehst Du nun meinen Respekt vor dieser Pflanze? Sie ist im wahrsten Sinn des Menschen würdig. Manchmal versuche ich mir auszumalen, aus was *wir* wohl gemacht wären, wenn es bei uns eine entsprechende Glaubensvorstellung gäbe – aus Käse oder wegen der Rösti aus Kartoffeln?

Aber keine Pflanze käme dem Mais auch nur annähernd gleich. Denn die Maya, die überzeugt waren, dass der Mensch aus Mais geschaffen sei, betrachteten den Mais als Grundnahrung, und deswegen durfte er nicht gehandelt werden – denn das, was der Mensch unabdingbar brauchte, das sollte keine Ware sein.

Der Mais wurde verteilt, an alle, weil ihn alle brauchten. Allerdings nur so lange, bis solche Vorstellungen durch die höheren Werte unseres christlichen Glaubens ersetzt wurden.

Indem ich des so gerechten Maises gedenke, verbleibe ich

Hugo

Billiger als Brot

1. Februar 1975

Lieber Hugo,

zuerst hat mich Dein Mais-Brief etwas stutzig gemacht. Warum redest Du von Tortillas, Tamales, Mazamorra, Neruda und Asturias und schlägst extra für mich die Lebensdaten des mir unbekannten Gregorio Gutierrez Gonzales nach? Dann begann ich zu ahnen, dass hinter Deinem kultur- und literaturgeschichtlichen Exkurs eine unausgesprochene Frage steht: Du möchtest von mir wissen, wie man eine richtige Polenta macht.

Das ist ganz einfach. Du kaufst für sechzig Rappen ein Pfund gewöhnlichen feinen Mais. Das reicht für sechs Personen; weil man aber kalte Polenta in Butter oder Öl braten kann, kocht man nie ein kleineres Quantum. Dann lässt Du in einer Pfanne 1 3/4 Liter leicht gesalzenes Wasser zum Kochen kommen und schüttest den Mais in feinem Strahl hinein. Dabei rührst Du mit einer Kelle, und wenn Du eine gute halbe Stunde weitergerührt hast, ist die Polenta fertig. So einfach ist das.

Das Einzige, was Du dabei noch wissen musst, ist, dass der Mais am Pfannenboden ansetzt und eine Kruste bildet. Das verschweigen die unaufrichtigen Kochbücher, und der unerfahrene Polentakoch meint dann natürlich, er habe zu wenig energisch gerührt. Dabei gehört die Kruste zur Polenta wie der Paprika zum Gulasch, und ich bin überzeugt, dass die Kruste daran schuld ist, dass Deutschschweizer Hausfrauen keine Polenta kochen, sondern Maisbrei, der am Pfannenboden keine Spuren hinterlässt. Obwohl Maisbrei kulinarisch unergiebig ist und neben den klaren Umrissen einer Polentaschnitte auch optisch eine traurige Figur macht.

Aber eben: Die Küchentechnik ist bei uns höher entwickelt als die Kochkunst; es geht nichts über saubere Pfannen, und die Angst vor angehockten oder angebrannten Speisen hat schließlich auch jene barbarischen, Dir bestimmt unbekannten Kochgeschirre hervorgebracht, die mit einem Kunststoff beschichtet sind, der den natürlichen Vorgang des Anbrennens einfach eliminiert.

Wegen der Polentakruste brauchst Du Dir keine Sorgen zu machen: Du füllst die Pfanne mit kaltem Wasser, lässt sie über Nacht stehen, und am andern Morgen ist das Putzen ein Kinderspiel. Wenn nicht, hilfst Du mit dem Kupferlappen nach. Ein bisschen strapaziert wird eine Pfanne schon beim Polentakochen; darum verwendet man im Tessin und in den Gebirgsgegenden Norditaliens zu diesem Zweck eine besondere Pfanne aus unverzinntem Kupfer oder Gusseisen.

Die fertige Polenta, die sich von der Pfanne und von der Kelle lösen muss, stürzt man auf ein Holzbrett, und zum Schneiden verwendet man kein Messer, sondern ein Stück Faden. Gewöhnlichen weißen Nähfaden. Das hat nichts mit Folklore oder Nostalgie zu tun; es ist einfach praktisch. Und weil Du zu Dichtern wahrscheinlich doch mehr Vertrauen hast als zu Köchinnen, habe ich extra für Dich einen literarischen Beleg herausgesucht. Er stammt aus der Ekloge *Celéo und der Gemüsegarten*, deren Autor der Barocklyriker Bernardo Baldi (1553 bis 1617) ist. Darin heißt es : »Er nimmt das weiße Brett aus Buchenholz, / lässt fallen drauf die goldne Kugel / und mit dem Faden trennt er ab ein großes Stück.« Du siehst: Die Polentoni praktizieren die Methode seit vier Jahrhunderten. »Polentoni« – Polentafresser – heißen die Norditaliener in Mittel-

und Süditalien; ist das nicht ein schönes Pendant zu unserem allzu summarischen »Maiser«? Und die Leute im Norden revanchieren sich, indem sie einen dummen Menschen als Makkaroni-Esser bezeichnen.

Ich glaube, die eigentliche kulinarische Qualität der Polenta ist ihre Unvermischtheit, die sie zur sinnvollen Ergänzung für reiche und aromatische Fleisch- und Fischgerichte macht. Dazu ist sie im Geschmack und in der Konsistenz unvergleichlich robust. Und damit bin ich bei den »Crostini«, den gebratenen Polentaschnitten, einer jener einfachen Zubereitungen, in denen sich für mich der Geist der italienischen Kochkunst ausdrückt. Sie können Dir praktisch nicht misslingen. Du nimmst eine fingerdicke Schnitte kalte Polenta, drehst sie in Weißmehl, klopfst das Mehl gut ab und bäckst sie in einer Mischung von heißem Öl und Butter knusprig. Ob Du sie mit Käse, mit Geflügelleber oder mit einem Pilzragout isst, Du wirst über diesen schlichten kleinen Wunderwerken endgültig alle missratenen Brotcroûtons vergessen, die man Dir in französischen Restaurants schon vorgesetzt hat.

Und obschon ich weiß, dass es Dir keinen Eindruck macht und dass Du nur einmal mehr über meine Sparsamkeit spotten wirst, ich muss doch noch anfügen, dass Polenta unwahrscheinlich billig ist:

Ein Kilo Polenta kostet ungefähr vierzig Rappen; ein Kilo Brot dagegen sechsmal mehr.

Dein unverändert sparsames *Aschenbrödel*

In vino veritas

8. Februar 1975

Liebe Alice,

seit langem habe ich nichts mehr von Dir gehört, aber das liegt mehr an mir als an Dir, denn ich habe nicht nur von Dir keine Post, sondern seit einer Woche überhaupt keine mehr erhalten – einfach deswegen, weil ich verreist bin.

Das ist der Grund, weshalb ich Dir aus Griechenland schreibe. Ich habe hier mehr an Dich gedacht, als Du bereit bist zu glauben. Das hat allerdings keine emotionellen Gründe, sondern, mit Verlaub, rein kulinarische.

Du bist ja eine Verteidigerin des Halbwarmen und Lauen (wir reden von der Küche, versteht sich). Jedenfalls vertrittst Du die Ansicht, es gebe nicht nur die Möglichkeit von warmem Essen und kaltem Buffet, sondern dazwischen eine ganze Skala, und was den halbwarmen Kartoffelsalat betrifft, bin ich ausgesprochen Deiner Meinung.

Hier in Griechenland scheinen sie Tag für Tag nach Deiner Überzeugung zu leben, sofern man sich in das begibt, was eine richtige Taverna ist. Da wird für mittags zwölf Uhr gekocht, dann werden die verschiedenen Gerichte auf eine wärmende Unterlage gestellt und kühlen dort allmählich ab; das ist insofern spannend, als man nie genau weiß, wie warm das Essen ist, das man kriegt.

Aber anderseits hat diese Art des Essens einen ganz anderen Reiz, indem man die Gerichte ausgebreitet sieht, irgendwo in der Ecke der Taverna, und so bestellt man nicht nur von einer Karte her, sondern unter aktiver Beteiligung des Auges und vor allem der Finger, da nun einmal die Reste des humanistischen Griechisch, über die man verfügt, für eine volle Mahlzeit nicht ausreichen. Und die Tavernen, die ich liebe, führen auf den Menükarten, sofern überhaupt solche aufliegen, keine Übersetzung ins Touristen-Deutsch, -Französisch oder -Englisch.

Solche Tavernen erkennt man daran, dass der Retsina aus Fässern ausgeschenkt wird, ein untrügliches Zeichen dafür, dass hier Griechen verkehren. Von dem Wein, den Griechenland produziert, werden im besten Falle fünf bis sieben Prozent in Flaschen abgefüllt, und davon geht erst noch lediglich ein Prozent ins Ausland. Die 90 000 bis 100 000 Tonnen Wein, die sonst exportiert werden, machen die

Reise in Fässern; nun dienen sie zum Verschnitt, für den italienischen Vermouth zum Beispiel, kommen aber nicht als griechischer Wein an den Mann und die Frau.

Also: Wo der Retsina aus Fässern serviert wird, dort muss man sich niederlassen. Aber das ist es ja…

Dieser Retsina hat es in sich, oder eben nicht; ich kann mich mit ihm nicht befreunden. Ich will nun nicht in den Fehler von Père Dumas verfallen, der überzeugt war, die Tatsache, dass die Griechen den Wein harzen, habe mythologische Gründe – der Weingott Dionysos trage an seinem Thyrsusstab einen Kienapfel.

Wir wissen natürlich inzwischen, dass das Harz ein Konservierungsmittel ist. Es gibt allerdings eine andere Version: Die Türken, die als gläubige Muslime den Wein nicht duldeten, wollten dieses Getränk ungenießbar machen und schütteten Harz hinein, worauf die Griechen den Wein trotzdem soffen. Das würde ich natürlich nie in einem Artikel schreiben, dafür sind mir die Griechen viel zu lieb – aber in einem Brief kann ich das schon sagen.

Doch nachdem ich in einem Reiseführer gelesen hatte, die griechischen Restaurants würden immer mehr mitteleuropäische Mahlzeiten servieren, und da diese Bemerkung als Trost gemeint war, fühlte ich mich nun anderseits verpflichtet, dem Retsina die Treue zu halten. Ich habe auch festgestellt, dass in manchen Restaurants dieser Wein schon von den Griechen selber schnöde behandelt wird; da habe ich mich entschlossen, es einmal mehr mit ihm zu versuchen und ihn mindestens zu bestellen, wenn auch noch nicht unbedingt, ihn zu mögen.

Aber es fällt mir schwer, mir vorzustellen, dass man von diesem Wein so viel trinkt, dass man am Ende des Gottes voll ist und zu dichten beginnt. Und die griechischen Dichter haben getrunken, sonst hätten sie keine Trinklieder verfasst. Oder sollte es sich etwa wie bei Rousseau verhalten, der zwar einen berühmten Erziehungsroman schrieb, aber mit den eigenen Kindern nichts anfangen konnte?

Beim Wein ist das sicher anders. Wenn ein Anakreon von diesem geharzten Wein zu dichten anfing, dann muss ich den Wein wiederum bewundern; was er vielleicht dem Gaumen nicht gibt, das gibt er der Poesie. Vielleicht hat Pindar doch recht, der den Wein »die Milch der Aphrodite« nennt.

Ich meinte übrigens immer, »in vino veritas« sei eine römische Erfindung, weil der Satz lateinisch ist. Aber nun habe ich bei Archilochos, einem Zeitgenossen von Sappho, einen Vers gefunden, wo drinsteht, dass Wein und die Wahrheit zusammengehören, und zwar auf Griechisch. Wenn ich an den Retsina denke, erhält dieser Satz für mich plötzlich eine neue Dimension: Ich habe mir die Wahrheit tatsächlich nie bekömmlich vorgestellt.

Aber ich nehme jetzt trotzdem einen Schluck, vielleicht ist dieser Wein und seine Wahrheit etwas, woran man sich nur allmählich gewöhnt.

Hugo

Tzatziki in Aussersihl

15. Februar 1975

Lieber Hugo,

Dein Brief aus Griechenland hat mir wieder einmal gezeigt, wie schön es ist, in Zürich im Kreis 4 zu wohnen. Wenn ich Lust auf griechisches Essen habe, muss ich keine Flugreise unternehmen, sondern kann um die Ecke zu Georg Grivas gehen. In seinem Lebensmittelladen finde ich auf kleinstem Raum alles, was Griechen zum Leben brauchen: Zitronen und Knoblauch, viele Sorten Oliven und Olivenöl, süßes Halva und pikanten Fetakäse, eingesalzene Garnelen und Sardellen und natürlich Retsina und Ouzo. Und weil bei Grivas viele Griechen verkehren, hat der italienische Coiffeur nebenan mit großen Buchstaben »Kureion« auf sein Schaufenster geschrieben.

Wenn Grivas nicht Kunden bedient, ist er in der Küche, die ein schmaler Korridor vom Laden trennt, und kocht dort für seine Frau und für seine drei Kinder, die um zwölf Uhr hungrig aus der Schule kommen. Von ihm erfährt man nicht nur, wie griechische Spezialitäten zubereitet werden, von ihm erfährt man, was Kochen heißt. Schon seine Küche ist vertrauenerweckend: Es gibt darin keine überflüssigen Utensilien – keine Küchenmaschinen, Mixer, Zwiebelschneider, Mandelmühlen und Gemüseraffeln –, nur gutgeschliffene Messer und einen großen Mörser. Den Pfeffer mahlt er in einer alten Kaffeemühle, und eine Zitronenpresse braucht er nicht, weil er die halbierten Zitronen mit dem Messer kreuzweise einschneidet und dann von Hand auspresst.

Das letzte Mal habe ich bei ihm gebratene Zucchetti mit Tzatziki gegessen. Du kennst wahrscheinlich diese mit Knoblauch und Gurke aromatisierte Joghurtspeise, die man mit den faden Schweizer Joghurts nicht nachmachen kann. Grivas hat aber herausgefunden, dass Magermilchquark ein fast vollkommener Ersatz ist. Er nimmt für seine Familie zwei Packungen (500 g), den Viertel einer Gurke und zwei Knoblauchzehen. Die Gurke teilt er der Länge nach in dünne Tranchen, aus denen er sehr kleine Würfelchen schneidet. Den Knoblauch zerquetscht er mit dem Boden eines Wasserglases, streut etwas Salz darüber und quetscht weiter, bis ein feines, saftiges Mus entsteht. Diese schlichte Methode übertrifft jede Knoblauchpresse. Dann rührt er den Quark mit wenig Essig und Olivenöl zu einer dicklichen glatten Masse, die er salzt und mit Gurke und Knoblauch vermischt. Das Tzatziki ist fertig und wird für eine Stunde in den Kühlschrank gestellt, damit die verschiedenen Aromen sich ganz durchdringen können.

Dass man zum Kochen Zeit und Geduld braucht, ist eine alte Weisheit, die in der griechischen Küche, wie ich sie bei Grivas kennengelernt habe, besonders respektiert wird. Da gibt es keine Blitzgerichte. Grivas sagt: »Meine Frau kann in zehn Minuten ein Mittagessen kochen; aber sie braucht Chemikalien.« Darunter versteht er Suppenwürfel und Ähnliches. Er selber destilliert seine Brühen aus Knochen, billigem Fleisch, Gemüsen und Kräutern, die er stundenlang auf seinem Herd kochen lässt. Auch die rohen Zutaten werden nicht unbesehen verwendet, sondern aufs Kochen vorbereitet. Die Zucchetti zum Beispiel werden vor dem Braten in Tranchen geschnitten, mit Salz bestreut und eine Viertelstunde liegen gelassen, damit ein Teil ihres Saftes austreten kann. So bekommen sie beim Braten – man wendet sie vorher rasch im Mehl – eine besonders schöne Kruste und einen intensiven Geschmack.

Wir haben die gebratenen Zucchetti von Hand ins kühle Tzatziki getunkt und Brot dazu gegessen. Getrunken haben wir Wasser; denn die Griechen, sagt Grivas, haben Wasser über alles gern. Warum schreibst Du nur vom Wein?

Alice

PS. Wenn Du das nächste Mal nach Griechenland reisest, habe ich eine Bitte: Bring mir ein wenig griechischen Origano mit. Er riecht und schmeckt viel besser als der italienische, und Grivas führt ihn nur zu seinem Hausgebrauch.

Das Amphibien-Essen

22. Februar 1975

Liebe Alice,

da sitze ich in Griechenland und schreibe Dir einen Brief, zwar nur über den Wein, aber ich wollte Dir in einem späteren mitteilen, wie sich das Essen auf Griechisch ausnimmt, und dann erfahre ich von Dir, dass Du für ein gutes griechisches Gericht in Zürich einfach um die nächste Ecke zum Händler Grivas gehst.

Schön. Der Zufall will, dass ich jetzt in Lissabon

sitze, und nun bin ich neugierig, um welche nächste Ecke in Zürich Du jetzt gehst.

Ich für meinen Teil gehe gar nicht einfach um die nächste Ecke, sondern ein bisschen weiter. Ich gehe zu jenem Lift, den Herr Eiffel gebaut hat, jawohl, der Eiffelturm-Eiffel, und mit seinem Lift fahre ich von der Unterstadt in die Oberstadt, zu jenem Punkt, wo die Carmo steht. Die Ruinen dieser Kirche sind für die Lissabonner, was die Gedächtniskirche für die Berliner ist, nur dass die Carmo an das berühmteste Erdbeben des 18. Jahrhunderts erinnert, und was Katastrophen betrifft: wenn schon, dann lieber solche, welche die Natur macht, als die, welche die Menschen bewerkstelligen.

Und dann gehe ich immer noch nicht einfach um die nächste Ecke, sondern ich suche mir ein Restaurant, wo es das zu essen gibt, auf was ich mich schon freue, nämlich Schweinefleisch auf Alentejo-Art, oder wenn Du es im Original haben willst: »Carne de porco alentejana«.

In einem meiner Reiseführer gibt es auch ein Kapitel über die Küche, und da ist dieses Schweinefleisch erwähnt, aber man liest: »Wird in jeder Aufmachung geboten.« Das ist sehr respektlos; stell Dir vor, man würde von einer Frau sagen: »Kommt in jeder Aufmachung daher.« Natürlich kann man mit dem Schwein aus Alentejo alles machen, es ist schließlich wehrlos, wenn es in die Hand der Köchinnen und Köche kommt, aber es gibt meiner Meinung nach nur eine Aufmachung, die dem Schwein vorzüglich steht.

Man muss dafür das Schweinefleisch in kleine Stücke schneiden und in Weißwein einlegen. Danach brät man es mit viel Tomaten und Paprika, aber der Clou ist die Sauce. Denn das Fleisch wird mit einer Muschelsauce serviert, in die man viel Zitrone tut.

Frag mich jetzt nur nicht, wie man das Gericht genau herstellt. Mehr weiß ich nämlich nicht. Falls Du keinen portugiesischen Spezereihändler in Zürich triffst, könntest Du Dich ja an Ort und Stelle erkundigen: in der Provinz Alentejo. Die heißt so, weil sie jenseits des Tejo liegt, des Flusses, der sich bei Lissabon zum Meer öffnet. Also, statt dass Du um die nächste Ecke gehst, gehst Du einfach über den Fluss, dann bist Du in der Provinz Alentejo, aus der ein Drittel der portugiesischen Schweine und Hühner kommt. An dem soll's nicht fehlen, und Du wirst sehen, dass Dir das Gericht schmecken wird.

Als dem Pass und der Zunge nach geborenem Binnenländer gefallen mir solche Gerichte besonders, weil sie etwas zusammenbringen, das wir bei uns streng trennen – das, was aus dem Wasser kommt, und das, was auf der Erde herumläuft. Die portugiesische, das heißt die iberische Küche aber tut Fisch und Vogel zusammen, Meertiere und Fleisch, wie eben bei der »Carne de porco alentejana«.

Es ist das, was ich ein Amphibien-Essen nenne, und als Partnerin wäre logischerweise dafür am ehesten eine Nixe geeignet.

Die Muschelsauce ist auf alle Fälle exquisit. Wobei mir einmal mehr hochkommt, dass ich das Wort »Miesmuschel« nicht mag, ich weiß nicht, warum. Ich gebe dem Wort »moule« den Vorzug, obwohl dies im übertragenen Sinn auch »Dummkopf« heißen kann, was nun nicht bedeutet, dass Du in Zukunft »Moules marinières« mit »Dummkopf-Suppe« übersetzen kannst. Unter einer Dummkopf-Suppe stelle ich mir eher ein politisches Gericht vor, wobei ich zwei Arten unterscheiden würde: die, die man sich selber einbrockt, und die der andern, die man auslöffeln muss; das gäbe auch einmal eine Rezeptsammlung.

Aber mit der portugiesischen Mexilhão stellen sich solche Fragen nicht. Ich mag das Wort schon wegen der Art, wie es ausgesprochen wird. Das Portugiesische hat ja sehr viele Zischlaute, und ich bin überzeugt, die vielen Nasale und die verschleifende Art, die Wörter auszusprechen, hängen damit zusammen, dass es ein seefahrendes Volk ist, sie haben den Wind und das Wasser in die Aussprache übernommen.

Nun aber gehe ich zu meiner »Carne de porco alentejana«. Ich habe mich allerdings gar nicht so rasch für dieses Gericht entschieden. Als andere Möglichkeit steht eines der Bacalhau-Gerichte zur Wahl, eines von 365, so viele gebe es, behauptet man. Aber da ich nur drei Wochen in Portugal bin, und selbst wenn ich täglich zwei verschiedene Bacalhau-Gerichte essen würde, käme ich nur auf rund zehn Prozent der zur Auswahl stehenden Stockfischgerichte. Also kommt's auf eines mehr oder weniger auch nicht an, und so habe ich mich eben für die »Carne de porco alentejana« entschieden. Aber morgen kommt dann der Stockfisch dran.

Bis zum nächsten Stockfisch *Hugo*

Die Konserve aus Hammerfest

1. März 1975

Lieber Hugo,

dass die Portugiesen Feinschmecker sind, davon hat mich Dein letzter Brief restlos überzeugt. Und zwar nicht wegen des Schweinefleisches an der Muschelsauce – solche Vermählungen zwischen Land- und Meertieren gibt es auch in Italien: Denk nur an meinen Sardellenbraten. Was mich beeindruckt, sind die 365 Stockfischrezepte. Das finde ich fabelhaft: Ein Küstenland wie Portugal mit einer unglaublichen Auswahl an frischen Fischen und Meeresfrüchten pflegt als nationale Spezialität ausgerechnet den eingesalzenen und getrockneten Kabeljau, der aus dem Norden kommt. Gibt es einen besseren Beweis für die kulinarische Überlegenheit des gedörrten über den frischen Fisch? Und ein schlagenderes Argument gegen alle meine Bekannten, die behaupten, Stockfisch sei zäh und stinke. (Das sagen allerdings nur diejenigen, für die ich noch nie selber Stockfisch gekocht habe.)

Der Stockfisch ist natürlich auch eine unglaublich praktische Fischkonserve, der die größte Hitze nichts anhaben kann, und darum ist er nicht nur in Portugal, sondern auch in Spanien und Italien ein Volksnahrungsmittel. Das tut seiner Qualität keinen Abbruch; stell Dir nur vor, wie viele andere gastronomische Delikatessen aus der schlichten Notwendigkeit der Vorratshaltung entstanden sind: Räucherlachs und Salzhering, Schinken und Bündnerfleisch, Sauerkraut und Dörrbohnen. Wenn ich an diese Köstlichkeiten denke, lassen mich alle Fortschritte der Tiefkühltechnik kalt: Die traditionellen Konservierungsmethoden wird sie nie verdrängen; sie ist ebenso praktisch wie langweilig, weil sie – im Gegensatz zum Einsalzen, Räuchern, Dörren, in

Essig oder Öl Einlegen oder mit Zucker Einkochen – keine neuen Geschmacksnuancen entstehen lässt. Ein Schinken wird immer feiner schmecken als frisches Schweinefleisch, und ein aufgetautes Kabeljaufilet wird das Aroma von Stockfisch nie erreichen.

Nun muss ich Dir aber doch sagen, dass Du das Wort Stockfisch in zweideutiger Weise verwendest; es gibt Stockfisch und Stockfisch oder genauer: Stockfisch und Klippfisch, und wenn Du vom Stockfisch, das heißt vom portugiesischen »bacalhau«, redest, so meinst Du eigentlich den Klippfisch: das ist ein flacher, weicher, mit Salzkristallen bedeckter Fisch, den man in Norwegen nach dem Einsalzen auf den Klippen an der Sonne trocknet und deshalb »klippfisk« nennt. Vor dem Kochen legt man ihn zwölf Stunden ins fließende Wasser, damit das überflüssige Salz herausgezogen wird. Der Stockfisch dagegen wird nicht eingesalzen, sondern im kalten Wind von Hammerfest so lange getrocknet, bis er hart und steif wie ein Brett ist. Deshalb muss man ihn vor dem Kochen fünf bis sieben Tage wässern; dabei nimmt er gewaltig an Volumen zu: Ein unansehnliches bräunliches Stück Fisch verwandelt sich in eine große Menge von schneeweißem Fischfleisch und sättigt eine ganze Familie.

In Italien heißt der Stockfisch »stoccafisso«, der

Klippfisch »baccalã«, in den italienischen Lebensmittelläden in Zürich kannst Du beide kaufen; im Französischen lauten die entsprechenden Bezeichnungen »morue verte« und »merluche«, und ganz einfach machen es sich die Spanier und die Portugiesen, indem sie den Kabeljau »bacalão« beziehungsweise »bacalhau« nennen, ob er nun frisch, eingesalzen oder stocksteif getrocknet ist. Eigentlich haben sie recht, denn eine genaue Terminologie ist das Letzte, worauf es beim Kochen ankommt. Die braucht man höchstens beim Schreiben übers Kochen.

Weißt Du übrigens, dass der Stockfisch früher auch bei uns ein Volksnahrungsmittel war? In den handgeschriebenen Zürcher Rezeptsammlungen vergangener Jahrhunderte findet man viele feine Stockfischrezepte, die von der Vertrautheit mit dieser ehrwürdigen Konserve zeugen, und noch vor hundert Jahren gab es kein deutschsprachiges Kochbuch, in dem die Zubereitung des Stockfischs fehlte. Wie ist uns diese Delikatesse abhandengekommen? Ich habe die gutbürgerliche französische Durchschnittsküche oder die Rohkostapostel im Verdacht.

Herzlich *Alice*

Die billigen Fische

8. März 1975

Liebe Alice,

die kulinarische Überlegenheit des gedörrten Fisches über den frischen – ich weiß nicht, ob ich so weit ginge. Ich würde mich da nicht für eine wenn auch nur kulinarische Hierarchie entscheiden; ich gäbe mich liberaler: das eine essen und das andere sich auftragen lassen.

Das demonstrierte ich mir selber zum Beispiel schon beim Aperitif. Den nehme ich allerdings nicht, wo sich »tout Lissabon« trifft, an der Praça Rossio, so gern ich mich sonst dort unter den Flaneuren aufhalte. Für meinen Aperitif gehe ich ein paar Blöcke und Straßenzüge gegen den Hafen zu.

Nun muss man wissen, dass für die Portugiesen »aperitivos« nicht das ist, was man trinkt, sondern was man dazu isst. Trinken tut man üblicherweise Wein, wenn es geht, vom Fass. Natürlich gibt es den berühmten Portwein. Er wird zwar in Porto hergestellt, aber er ist mehr für England als für Portugal selber gedacht, oder für den Rest der Welt und für die Touristen oder vielleicht auch für eine bestimmte Schicht …

Zu meinem Glas Wein nehme ich als »aperitivos«

etwas vom Gedörrten und etwas vom Frischen, und für beides kann ich einstehen.

Da liegen auf einem Teller Bacalhau-Frikadellen, baumnussgroß; das Fischfleisch wird mit Brot vermengt, und neben Pfeffer kommt viel Petersilie hinein, und dann vor allem frische Minze, und diese Happen werden in Olivenöl gebraten. Man findet die Frikadellen fast auf jeder Theke, aber sie sind nicht immer so frisch wie dort, wo ich hingehe.

So weit, was das Gedörrte betrifft, und nun das Frische. Es ist allerdings kein Fisch, kommt aber doch aus dem Wasser. Es sind Uferschnecken, búsios. Bestellst Du sie, erhältst Du gleichzeitig ein Holzbrett, damit Du darauf die Schnecken aus ihrem Gehäuse klopfen kannst; das ist schon von der Arbeit her unterhaltsam, denn so ohne weiteres kommen die nicht heraus.

So hat man schon mit dem Aperitif eine recht beachtliche Spannweite: von den Küsten Neufundlands bis zu den eigenen Ufern von Portugal. Seit vierhundert Jahren fahren die Portugiesen zum Bacalhau-Fang aus. Das Mutterschiff ist mit vielen kleinen Booten bestückt; auf ihnen ziehen die Fischer zum Fang aus, und wenn sie ihr Boot voll haben, bringen sie die Beute zum Mutterschiff, wo der Fisch gelagert und gesalzen wird. Für sechs Monate fahren diese Fischer weg.

Dieser Bacalhau-Fang hat ein Pendant im Süden, auch wenn die Umstände ganz andere sind. Es ist der Thunfisch-Fang, und der ist so blutig und so brutal wie überall. Die Portugiesen tragen dem sprachlich insofern Rechnung, als sie vom »Stierkampf des Meeres« sprechen.

Ob Bacalhau oder Thunfisch, ich mag diese Fische nicht nur vom Gaumen her, sondern weil ich sie sehr menschliche Fische finde. Sie kommen so zahlreich vor, dass sie für viele Mäuler genügen und billig sind; sie helfen einfach schon dadurch, dass sie zahlreich sind und sich in großer Zahl einfangen lassen, und so haben diese Fische in Portugal oft dort geholfen, wo andere Lebewesen, wie Menschen zum Beispiel, die Hilfe versagten.

Das ist auch der Grund, weshalb ich das Lob der Sardinen singen würde.

Ich erinnere mich übrigens. Es war vor acht Jahren im Süden von Portugal. Ich hielt mich an einem Ort auf, der sich nur dadurch auszeichnet, dass er ein Grenzort ist, Vila Real de Santo Antonio. Das Datum weiß ich nicht mehr genau, aber es ist ein Datum wie der 15. März oder der 15. April, ein Datum, an dem der Sardinen-Fang beginnt. Aber die Fischer fuhren nicht aus, sondern streikten, was damals eine ziemlich verwegene Sache war. Aber alle Fischer redeten gleichzeitig davon, wie gut frische

Sardinen sind. Da blieb mir gar nichts anderes übrig, als das Schiff zu nehmen und nach Spanien nach Ayamonte zu fahren. Dort gab es frische Sardinen auf dem Markt, und ich kehrte mit einem Korb voll frischer Sardinen zurück. Das war wohl die merkwürdigste Ware, die der Zöllner an jenem Ort als Einfuhr je zu Gesicht bekam. Wir brieten die Sardinen auf dem Holzkohlenrost, steckten die gebratenen Fische auf ein Stück Brot und bissen hinein, dass die Gräten nur so knackten.

Auf bald in Zürich *Hugo*

Portugal im Küchenschrank

15. März 1975

Lieber Hugo,

Dein Lob der billigen Fische hat mir sehr gefallen, vor allem, weil ich Dich bisher als Liebhaber exklusiver Meeresfrüchte kannte. Das gibt Deinem Votum besonderes Gewicht.

Du schreibst vom Thunfisch und von den Sardinen, die das portugiesische Volk ernähren, und da merke ich auf einmal, was wir Schweizer mit den Portugiesen kulinarisch gemeinsam haben: Sardinen und Thunfisch, allerdings nicht frisch, sondern aus der Dose, mit portugiesischem oder spanischem Markenzeichen. Auf meinen Dosen lese ich oft den Namen der Stadt Olhão; das gibt mir das Gefühl, ein Stück Portugal in meinem Küchenschrank zu haben. Wir Binnenländer haben zu diesen Ölkonserven ein seltsam inniges Verhältnis. Selbst Leute, die Meerfische nicht mögen und das ganze Jahr auch nie Lust auf eine Forelle oder einen Felchen haben, verzehren mit Genuss eine Dose Ölsardinen, und in den bodenständigsten Wirtschaften gibt es neben der Bratwurst, den Leberli und dem Kuttelblätz auf der Speisekarte auch einen Thonsalat mit Zwiebelringen.

Dieser uralte Seemannsproviant hat für uns aber keinen gastronomischen Stellenwert; während wir Artischocken und Steinpilze, in Öl eingemacht, als Delikatesse genießen, sind Thon und Sardinen eine Art Vorrat, für Picknick und nächtlichen Hunger, den man ohne viel Umstände von der Dose auf den Teller befördert.

In Italien behandelt man dagegen den in Öl eingelegten Thon genauso liebevoll wie den frischen Thunfisch: In der Lombardei überzieht man dünne Kalbfleischtranchen oder Pouletstücke mit einer Thonmayonnaise, damit sie sich in ein »Vitello« oder »Pollo tonnato« verwandeln; in der Toskana bekommt man als Vorspeise große weiße Bohnen, die mit zerpflücktem Thon vermischt sind, und der berühmte »Tonno alla bolognese« ist ein Gratin aus lagenweisem Thon und konzentrierter Gemüsesauce. Aber auch Frikadellen aus Thon, Thon mit Erbsen und Thon mit Pilzen sind etwas Feines. Wenn ich einmal vergessen habe einzukaufen, mache ich aus Thon und Eiern eine »Frittata di tonno«, eine Thonomelette, mit Knoblauch parfümiert.

Herzhaft mit Thon kochen kann man natürlich nicht, wenn man die 80- oder 100-Gramm-Döslein verwendet, die bei uns zum Verkauf angeboten werden. Es hat mir nie gefallen, dass ein so großer Fisch in so winzigen Portionen verpackt wird, und ich kaufe drum den Thon gern in italienischen Lebensmittelläden, wo man ihn offen haben kann. Der Thon aus einer geräumigen 10-Kilo-Dose hat nicht nur eine schönere Struktur, er schmeckt auch besser. Vielleicht ist das eine Illusion – aber findest Du Salzgurken aus einem großen Steinguttopf nicht auch besser als aus einem kleinen Glas?

Das beste Thongericht sind die »Spaghetti con tonno«. Ihre Zubereitung ist kinderleicht. Während die Spaghetti im Salzwasser kochen, macht man in einem Pfännlein Olivenöl heiß, dünstet darin eine gehackte Knoblauchzehe goldgelb, gibt für zwei Personen ungefähr 50 Gramm Thon dazu, zerpflückt ihn mit einer Gabel, lässt ihn heiß werden und vermischt ihn mit den abgetropften Spaghetti. Zum

Schluss bestreut man sie mit schwarzem Pfeffer aus der Mühle.

Geriebener Käse gehört nicht dazu; da ist man in Italien sehr strikt: Wer zum Fisch gern einen schweren Rotwein trinkt, findet mehr Verständnis, als wer zu Spaghetti mit Meerfrüchten Reibkäse verlangt. Diese ungewöhnliche Strenge hat ihren Ursprung in einer Zeit, da die katholischen Fasten- und Abstinenzgebote härter waren als heute und den Gläubigen nicht nur Fleisch, sondern auch tierische Produkte wie Eier, Milch und Käse untersagten. Da tröstet man sich mit Spaghetti con tonno, ohne Parmesan. Ein aktuelles Rezept: Es dauert ja noch vierzehn Tage bis Ostern.

Viele Grüße *Alice*

Die Omelette des Pfarrers

22. März 1975

Liebe Alice,

zur Fastenzeit möchte ich von meinem Lieblingsrezept reden. Das ist genau zu verstehen – Lieblingsrezept und nicht Lieblingsgericht. Weil ich dieses Gericht noch nie gegessen habe, habe ich also ein recht intellektuelles Verhältnis dazu.

Abgesehen davon: Bevor es die »Concept-Art« gab für Galerien, Museen und Sammler, gab es längst die »Concept-Art« für die Küche. Was anderes ist ein Rezept als »Concept-Art«? Es ist doch nicht so, dass man alles, was man als Rezept kennt, auch schon immer gleich in die Pfanne tun und auf dem Teller haben muss. Es gibt eine Kunst des Essens, die sich schon beim Gedankenaustausch und bei der Lektüre einstellt.

Mir gefällt an meinem Lieblingsrezept, dass es eine Idee ist: Man respektiert das Fasten, und man überlegt sich, wie man kulinarisch fasten könnte; das nenne ich schon eine Idee: Wie kann man sich an die Strenge des Gesetzes halten und dem noch einen Genuss abgewinnen?

Ich könnte mir vorstellen, dass ein Puritaner von Doppelmoral spricht, und es leuchtet mir ein, dass sich daran eine ideologische Auseinandersetzung anknüpfen lässt, die ich aber ungern bei Wasser und Brot mitmachen möchte. Doch würde ich nicht zögern, dieses Rezept als »antirepressiv« zu bezeichnen – es schlägt der Autorität ein Schnippchen.

Das Gericht gefällt mir als Konzept, und deswegen bin ich auch überzeugt, dass es vorzüglich schmeckt. Und nicht nur, weil es von einem Manne überliefert wird, der sich in der *Physiologie des Geschmacks* auskennt, nämlich von Jean-Anthelme

Brillat-Savarin. In seinen »Betrachtungen über das höhere Tafelvergnügen« befasst er sich auch mit dem Fasten – »dem willkürlichen Verzicht auf Nahrung aus moralischen oder religiösen Gründen«.

Das Rezept, von dem ich rede, findet sich allerdings nicht unter diesem Stichwort, sondern weiter hinten unter »Vermischtes«. Es ist Madame Récamier, welche das Fastenrezept auf einem ihrer Hobby-Mildtätigkeitsgänge bei einem Pfarrer entdeckte, und ich möchte es Madame Alice weitergeben.

Es handelt sich um eine Omelette, um eine Thunfisch-Omelette. Man nimmt dazu die Milch von zwei Karpfen, die man fünf Minuten in kochendes Salzwasser taucht und dadurch weiß macht. Zudem nimmt man Thunfisch; es heißt »so groß wie ein Hühnerei«; das kann ich mir nicht recht vorstellen, aber so lauten nun einmal die Angaben. Man hackt den Thunfisch zusammen mit Schalotten und fügt die Karpfenmilch bei, und das Ganze tut man in einen Topf mit frischer Butter. Ferner nimmt man ein zweites Stück Butter, gibt Petersilie und Schnittlauch dazu und tut alles in eine fischförmige Schüssel; dazu kommt der Saft von einer Zitrone. Die Schüssel muss vorgewärmt werden, bevor man die zwölf Eier hineinschlägt (es ist eine Omelette für sechs Personen), und die Omelette muss am Ende lang, dick und weich sein.

So leicht scheint es nicht zu sein, diese Omelette zu machen. Denn Brillat-Savarin fügt dem Rezept noch drei »theoretische Anmerkungen« bei: Man muss die Karpfenmilch und den Thunfisch zusammenrühren, ohne sie zum Kochen zu bringen, die Schüssel muss tief sein, damit man die zusammenlaufende Brühe herausschöpfen kann, und wenn die Schüssel nicht vorgewärmt ist, besteht die Gefahr, dass die Buttersauce gerinnt.

Aber wenn man all das berücksichtigt, entsteht jene »Omelette des Pfarrers«, die ich mir als ein Musterbeispiel für kulinarische »Concept-Art« gemerkt habe – eine Omelette, von der es heißt, dass sie sich besonders eignet für die »Zusammenkünfte von Kennern, die wissen, was sich schickt«. Also etwas für uns – oder findest Du nicht?

Hugo

Die Wollust des Fastens

29. März 1975

Lieber Hugo,

Deine Concept-Art-Omelette hat mich mehr verwirrt als alles, was mir bisher aus dieser Kunstrichtung begegnet ist. Du machst eine Omelette, indem

Du zwölf Eier in eine vorgewärmte Schüssel schlägst. Und Du fürchtest, dass die Butter, die man vorher in die Schüssel legt, gerinnen könnte. Mein lieber Konzept-Koch, Du solltest lieber fürchten, dass Dir die Eier ohne Kochhitze nicht zur Omelette gerinnen. So kann das bei Brillat-Savarin nicht stehen. Oder gehört das Entstellen von klassischen Texten der Kochkunst zur Methode Deiner kulinarischen »Concept-Art«?

Was Du vom genussvollen Fasten schreibst, hat mich an einen Satz von Zwingli erinnert. In Zürich begann die Reformation ja mit der Auflehnung gegen die katholischen Fastengebote, und das Wurstmahl beim Buchdrucker Froschauer mitten in der Fastenzeit des Jahres 1522 ist für mich ein schönes Beispiel dafür, dass auch die Küche einmal ins Rampenlicht der Geschichte geraten kann. Zwingli, der unter den Gästen Froschauers war, hat sich gegen die bischöfliche Anklage mit der berühmten Predigt *Von Erkiesen und Fryheit der Spysen* verteidigt, in der er sagt, der Verzicht auf Fleisch garantiere an sich noch keine Enthaltsamkeit: »Denn Fisch essen ist gar nach in aller Welt ein Wollust.«

Damit hat der Reformator die Doppelmoral der kirchentreuen Gourmets energisch entlarvt, und in Zürich begann man, sich die Wollust des Fastens abzugewöhnen.

Das ist natürlich nicht ohne wirtschaftliche Folgen geblieben: Der Fischkonsum ging zurück, die Zürichseefische wurden an die katholischen Ortschaften am untern Zürichsee und an die Klöster verkauft, und die Schneckenzüchter von Riesbach – das gab es damals – mussten ihre Schnecken in Fässern nach Italien exportieren. Über die Schwierigkeiten, die sich beim Transport ergaben, habe ich in Eschers *Beschreibung des Zürichsees*, die 1695 erschien, eine Stelle gefunden, die ich Dir im Wortlaut zitieren muss: »Gegen dem Winter (wann die Schneggen mit einem weissen harten Deckel wol verschlossen) werden viel hundert Legelen und Fässlein mit Schneggen angefüllt in Italien verschickt, deren sie sich dann in den Fasten zur Speise bedienen. Es begiebt sich oft, wann die Säumer über den Gothart kommen und der warme Mittagwind (bey uns die Föhn genannt) wehet, dass die Schneggen sich wegen verspürter Wärme widerum aus ihren Häuseren lassen, und weilen sie alsdann in den Legelen und Fässlinen wegen des Jasts nicht mehr raums gnug finden, zersprengen sie dieselbigen und gehen zu unnutz: dardurch dann die Schneggenhändler öfters zu grossem verlust und schaden kommen.«

Ein paar Jahrhunderte später haben sich die Zürcher dann wieder den Schnecken zugewandt und angefangen, sie aus Frankreich zu importieren. Seither werden sie »à la bourguignonne« gegessen und nicht mehr nach »Riesbächler Art«.

Ich wünsche Dir schöne Ostern!

Alice

Der lächelnde Topf

6. April 1975

Liebe Alice,

das finde ich ein bisschen tief ins Salzfass gegriffen: Ich entwickle für Dich die Theorie, dass die Kochkunst die geniale Vorläuferin der Concept-Kunst ist, und Du antwortest mir, ich würde klassische Texte entstellen. Zu meinem Unglück habe ich an dem Ort, von wo aus ich Dir schreibe, meinen Brillat-Savarin nicht zur Hand, so dass ich Dir nicht die entsprechenden Stellen wortwörtlich servieren kann; aber das werde ich im nächsten Brief besorgen. Selber nachlesen tust Du ja anscheinend nicht. Aber das leuchtet mir ein: Als Erfinderin der Aschenbrödel-Küche konsultiert man natürlich nicht Brillat-Savarin.

Der Fasten-Omelette des Pfarrers, über die ich Dir berichtet habe, bin ich auf überraschende Weise wieder begegnet. Der Zufall wollte, dass mir ein anderes klassisches Buch der Kochkunst in die Finger kam, nämlich *Die historische Küche* von Eufemia von Kudriaffsky. Ihr Werk, 1880 herausgegeben, ist vor kurzem als fotomechanischer Reprint im Leipziger Zentralantiquariat wieder neu aufgelegt worden – zu meinem Vergnügen, muss ich gestehen.

Und dies nicht nur, weil ich darin auf das Omeletten-Rezept gestoßen bin. Denn Frau von Kudriaffsky erwähnt als einziges (ausführliches) Rezept von Brillat-Savarin ebenden besagten »Thunfisch-Eierkuchen« als ganz besondere Delikatesse; sie spricht zwar auch sonst von dem Autor der *Physiologie des Geschmacks,* vor allem von seinen Bemerkungen über den Fasan, der ja nach Brillat-Savarin ein »Rätsel« ist, das zu lösen nicht jedermann gelingt.

Ich schätze dieses Buch von Eufemia von Kudriaffsky. Dabei weiß ich genau, dass man natürlich bei deutschsprachigen Büchern über die Kochkunst sogleich an C.E. von Ruhmors *Vom Geist der Kochkunst* denkt. Ich bin gerne bereit, diesem Manne für sein 1822 erschienenes Buch Reverenz zu erweisen, obwohl ich nicht grundlos meine Bedenken bewahre. Was soll ich mit einem Manne, der vom Koch sagt: »Man verbiete ihm, Romane zu lesen; will er seinen Geist bilden, so treibe er Naturwissenschaften, Geschichte, Mathematik ...«

Nein, da halte ich es am Ende lieber mit Eufemia von Kudriaffsky, obwohl sich ihr Name liest, als sei es eine Mehlspeise, zu der man Himbeersaft aufträgt. Ich möchte für ihr Buch eine Lanze brechen, auch wenn es nicht so elegant geschrieben ist. Aber es ist meines Wissens eines der ersten Bücher, die an eine »Totalgeschichte« der Kochkunst gehen – nicht nur Hebräer, Ägypter und natürlich Griechen und Römer setzt sie an den Anfang, sondern sie versucht einen Überblick über die »Weltküche zu geben«, über alle fünf Kontinente. Sie berücksichtigt ebenso die Heuschrecken der Wüstenheiligen wie die Cassavewurzel, aus welcher die menschenfressenden Kariben ihr Brot zubereiten, die Nahrung der Hindu wird berücksichtigt wie diejenige der chilenischen Indianer, der Hottentotten, Eskimos, Karolinger, Germanen usw. Sie ist nicht in erster Linie auf kulinarischen Genuss aus, sondern auf Information, und sie beweist dabei einen Liberalismus, der sich in einem Credo äußert: Kochen und kochen lassen. So kann sie zum Beispiel schreiben: »Sollten wir nach dem Gehörten geneigt sein, die wunderliche Geschmacksrichtung der genannten Völker zu verurteilen, so wird uns später in Europa nicht minder die Überzeugung aufgedrängt, dass die Speise, welche *einem* Gaumen behagt, dem *andern* unausstehlich wird.« Und im gleichen Sinne schreibt sie auch: »Mehr wie jeder andere Sinn ist der Geschmack ein Chamäleon an Nuancen und der menschliche Gaumen von wunderbarer Empfänglichkeit; denn er kann sich, wenn die Not gebeut, an die widerlichsten Gerichte gewöhnen und den alten Spruch zur Wahrheit bringen: ›Der Mensch weiß nicht, von was er fett wird!‹« Das ist eine einleuchtende Illustration dafür, dass nicht nur der Teufel in der Not Fliegen frisst; allerdings, wie man diese Fliegen in Teufels Küche zubereitet, darüber schweigt auch Eufemia. Oder kennst Du entsprechende Rezepte?

Falls Du mich für meine Vorliebe bemitleiden solltest, halte ich es mit der französischen Fleischbrühe; diese soll besonders gut gelingen, wenn das Wasser nur langsam siedet oder, wie es auch heißt, wenn der Topf »lächelt«.

Mit besten Grüßen *Hugo*

Tschiribiris Risotto

12. April 1975

Lieber Hugo,

bis vor kurzem meinte ich, mein Risotto mit Safran und Steinpilzen sei unübertrefflich. Und Ido, von dem ich dieses Gericht gelernt habe, bestärkte mich in diesem Vorurteil, indem er häufig sagte, mein Risotto schmecke besser als seiner. Dass mein guter Risotto nur eine Art Vorstufe zu einem echten, köstlichen Misoxer Risotto war, das habe ich über Ostern in Roveredo erfahren, als Tschiribiri am Samstagabend bei uns kochte.

Die Misoxer haben ja ein ganz besonderes Verhältnis zum Risotto. Sie haben den aristokratischen Risotto alla milanese, der nach Safran und Rindermark duftet und als erster Gang vor dem Fleisch serviert wird, zu einer vollständigen Mahlzeit gemacht, indem sie ihn mit Steinpilzen, Butter und Käse so reich würzen, dass sich ein zweiter Gang erübrigt. Sie essen ihn bei jeder Gelegenheit, zum Anfang oder zum Abschluss eines Abends, in der Familie, im Freundeskreis, in der Osteria, und wenn Ido abends Zigaretten holen geht, dann kann es drei Stunden dauern, bis er zurückkommt und mir vergnügt erzählt, sie hätten bei Bertino eben noch rasch einen Risotto gekocht.

Wir hatten mit Tschiribiri und den Freunden auf acht Uhr abgemacht und alles bereitgestellt: Die Hühnerbrühe kochte auf der kleinsten Flamme, die Zwiebel war fein geschnitten, der Sbrinz gerieben. Der Risottokoch kam pünktlich und brachte eine Flasche Grappa, einen großen Salami und einen Riesenbrocken Alpkäse mit. Alles Eigenfabrikat. Er sah sich unsere Vorbereitungen an und sagte, ich solle eine zweite große Zwiebel schneiden. Dann ließ er die Butter – gut 150 g für 6 Personen – im Topf heiß werden und dünstete die Zwiebeln sehr langsam darin, bis sie goldgelb waren. Er schüttete den Vialonereis nach Augenmaß dazu, und jetzt kam das Überraschende: Er röstete den Reis so lange in der Butter, dass die Zwiebel bräunlich wurde und ich unruhig fragte, ob es nun nicht genug sei. Er rief mit seiner tiefen Stimme, nein, zuerst müsse der Reis die Butter abstoßen. Und tatsächlich: Nach einiger Zeit begann die Butter, die in Zwiebel und Reis absorbiert schien, gewaltig aufzuschäumen, und Tschiribiri rief nach Wein. Ein tüchtiger Guss aus der Weinflasche, und ein paar Sekunden später hatte der durstige Reis alle Flüssigkeit aufgesogen.

Den Rest machte Tschiribiri wie ich: Er gab die Pilze samt dem Einweichwasser bei, und erst als die Steinpilzflüssigkeit ganz vom Reis absorbiert war, kam die Hühnerbrühe an die Reihe. Etwas später streute er auch den Safran dazu. Um ganz ehrlich zu sein: Einen kleinen Unterschied gibt es zwischen Tschiribiri und mir; ich weiß: Man darf die Hühnerbrühe nur in kleinen Mengen zugießen und muss den Risotto während seiner ganzen Kochzeit auf starkem Feuer kräftig rühren. Mir passiert es aber immer wieder, dass ich rasch vom Herd weggehe, um irgendetwas Notwendiges zu erledigen, den Tisch zu decken oder Käse zu reiben. Tschiribiri jedoch stand zwanzig Minuten unerschütterlich am Herd und rührte. Und sein Risotto hat bewiesen, dass sich die Hingabe lohnt.

Die Endphase war dramatisch. Wenn der Reis al dente ist, muss bei Tschiribiri alles blitzschnell gehen. Er wies mich an, den Pfeffer in den geriebenen Käse zu mahlen, damit beim Vermischen keine unnötige Zeit verlorengehe. Dann zog er die Pfanne vom Feuer, rührte den Berg von geriebenem Sbrinz energisch unter den Reis, rief dröhnend, man solle sich zu Tisch setzen, und schöpfte den Risotto mit der Schöpfkelle in die Suppenteller. Er war heißer, kräftiger und flüssiger als meiner; die Flüssigkeit war aber vom vielen Rühren wunderbar cremig und das einzelne Korn vollkommen al dente.

Dazu aßen wir dicke Scheiben von Tschiribiris hausgemachtem Salami. Anstatt Superlative zu brauchen, will ich Dir sagen, was Tschiribiris Schweine fressen. Dann kannst Du Dir die Qualität ihres Salamis andeutungsweise vorstellen. Im Sommer sind sie auf der Alp, und da arbeitet Tschiribiri drei Stunden, bis ihr Futter bereit ist. Mit Handschuhen sammelt er Säcke voll Brennnesseln, die er ins siedende Wasser wirft und kochen lässt. Zu diesem Gemüse kocht er ihnen Polenta. Auch Gerste, Kastanien und eine andere Wildpflanze, die »Lavaz« heißt, gehören auf den Speisezettel dieser Schweine, deren Salami Tschiribiris Risotto ebenbürtig ist.

Ich bin jetzt in guter Koch-Stimmung. Ruf mich an, wenn Du in Zürich bist und Lust auf einen Risotto hast!

Alice

PS. »Les extrêmes se touchent«, und deshalb hat auch, wer *Aschenbrödels Küche* schreibt, einen Brillat-Savarin in seiner Bibliothek. Um festzustellen, dass Dein Rezept der »Omelette du curé« entstellt war, brauchte ich ihn allerdings nicht aufzuschlagen. Das tue ich jetzt nur, weil Du mich dazu aufforderst. Und sehe, dass Du, was ich ja vermutet habe, mit Methode entstellst. Du übersetzest nämlich alle Kochverben falsch oder lässt sie weg: Aus *blanchir* (abbrühen) machst Du »weiß machen«, aus *sauter* (rasch in der Butter wenden) »zusammenrühren«, aus *concentrer* (eindicken) »zusammenlaufen« und aus *fondre* (schmelzen) »gerinnen«. Und krönst Dein Entstellungswerk, indem Du den entscheidenden Satz weglässt. Er lautet: »Confectionnez ensuite l'omelette à la manière ordinaire.« Was hast Du eigentlich gegen das Kochen?

Die feine Welt der Champignons

19. April 1975

Liebe Alice,

Du fragst mich, was ich gegen das Kochen habe. Du schreibst schon als Entwicklungshelferin. Immerhin bist Du überzeugt, dass ich nichts gegen das Essen habe, sonst hättest Du mich ja kaum zum Risotto eingeladen. Ich bin beruhigt.

Um den Streit ein für alle Mal zu schlichten: Ich zitierte aus einer deutschen Ausgabe von Brillat-Savarin. Und zwar richtig; wenn schon, hat der andere entstellt, ein gewisser Hans Eckart Rübesamen (Heyne-Verlag, München). Gibt es eine schönere Versöhnung als auf dem Buckel eines Dritten?

Damit aber sind wir auch schon beim Thema des heutigen Briefes: nicht so sehr das sprachliche Problem der Verdeutschung französischer Küchenausdrücke als vielmehr die Eindeutschung französischer bzw. ausländischer Küchen. Du wirst zwar sagen, Sprache und Küche hätten recht viel miteinander zu tun, und da hast Du auch wieder recht.

Während Du im Misox warst und dort erfahren hast, dass Dein unübertrefflicher Risotto noch übertroffen werden kann (soll ich jetzt sagen, das kann nicht wahr sein, oder soll ich leise lächeln, weil auch

Entwicklungshelferinnen dazulernen?) – während Du also im Misox warst, habe ich ganz andere kulinarische Erfahrungen gemacht. Davon möchte ich berichten. Sie sind allerdings mehr küchenpsychologischer Art, wenn nicht gar küchenmetaphysischer; das Wort dürfte im Zusammenhang mit Deutschland nicht falsch sein.

Ich sitze nämlich seit einigen Tagen über einem Manuskript in einem deutschen Gasthof. Nun muss ich gleich vorwegnehmen, dass ich gar nichts gegen die deutsche Küche habe. Im Gegenteil. Was die Würste betrifft, bin ich überzeugt: Wenn es zu der von einem Deutschen erfundenen Weltliteratur auf Küchenebene eine Entsprechung gibt, dann stellt die Wurst den deutschen Beitrag zur Weltküche dar. Aber an diese Wurst komme ich gar nicht heran.

Denn: Wenn ich mit Kollegen zum Essen ausgehe, suchen wir mit aller Selbstverständlichkeit den Italiener, den Griechen oder den Jugoslawen auf. Als ich einmal im Kino war, machten die Reklamen für die griechischen und italienischen Restaurants mehr als zwei Drittel der Kinowerbung aus. Trotzdem habe ich eines Abends vorgeschlagen, ob man nicht in ein deutsches Restaurant gehen könne. Man war geradezu betroffen, man willigte ein; es war, als ginge man exotisch essen.

Man trifft hier eine merkwürdige Nichtachtung

der deutschen Küche an. Das Bedürfnis, weltläufig sein zu wollen, spielt natürlich mit. Dazu gehören auch die Erfahrungen, die ich in meinem Gasthof mache. Die Wirtin kocht selber, sie war jahrelang im Service, wie sie mir gesteht, und da hat sie dem Koch über die Schulter in die Pfanne geschaut. Dieser Koch war in Frankreich. So kocht sie französisch. Nicht schlecht als Einfall, nur eben – es ist immer ein bisschen zu viel Frankreich oder, wenn Du willst, immer ein bisschen zu viel Welt oder, um noch genauer zu sein: Es hat immer etwas zu viel Champignons darin.

Da macht sie eine Ochsenschwanzsuppe. Nicht aus dem Beutel, versteht sich, sondern es wird ein richtiger Ochsenschwanz gekocht. Aber wenn die Suppe auf den Tisch kommt, hat es auch noch ein bisschen Champignons drin. Die Champignons finde ich wieder im »feinen Ragout«, das zur Königin-Omelette gereicht wird, im Kalbsfricassé, in den Prinzessinnen-Bohnen und sogar im Wild. Denn der Gasthof ist bekannt für Wild, aber die Sauce, die es zum Wildragout oder zum Rehsteak gibt, kommt nicht ohne Champignons aus, obwohl ich lieber einen Waldpilz hätte – aber eben, erst die Champignons bringen den Duft der großen weiten Welt.

Dabei fällt mir auf, dass man auch bei uns Ähnliches antrifft: Auch hier sind die Hausfrauen oder die Küchenchefs in den Tearooms und in gewissen Restaurants überzeugt, mit ein paar Champignons fange die große Küchenwelt an. Ich frage mich, warum ein so wehrloser Pilz für so viel Ambition und Alibis herhalten muss.

Mit freundlichen Grüßen *Hugo*

Morchel-Zeit

26. April 1975

Lieber Hugo,

Du hast recht: Dem Champignon begegnet man auch bei uns in allzu vielen Saucen. Ich denke da zum Beispiel ans geschnetzelte Kalbfleisch nach Zürcher Art, das in neun von zehn Restaurants mit Champignons serviert wird. Dass der zarte Zuchtpilz zu dem zarten Kalbfleisch passt, gebe ich gerne zu; kulinarisch finde ich die Kombination aber ziemlich unergiebig, und ich habe nie begriffen, warum dieses anämische Gericht in der Zürcher Gastronomie eine so große Rolle spielt.

Vielleicht weil es ausländischer Herkunft ist; die Zürcher haben ja auch ihre besten Spezialitäten wie die Spanische Suppe und die Makkaronipastete aus fremden Küchen entlehnt. Und das Geschnetzelte stammt aus Wien: Den einzigen Beleg für dieses Gericht im 19. Jahrhundert findet man nämlich im *Österreichischen Muster-Kochbuch* von Anna Dorn, dessen achtzehnte Auflage 1888 in Wien erschienen ist. Es heißt »Ragout von Kalbfleisch und Pilzen« und wird mit heißem »Obers« verfeinert. Wahrscheinlich hat es ein Wiener Koch nach Zürich gebracht und als Spezialität propagiert, weil es rasch zubereitet und deshalb fürs Gastgewerbe praktisch ist. Und da fällt mir ein, dass ich das letzte Geschnetzelte mit Champignons in der Kantine des Süddeutschen Rundfunks in Stuttgart gegessen habe; es war das Schonkost-Menü und wurde mit Spätzle serviert.

Weißt Du übrigens, dass es nur einen einzigen Pilz gibt, der einem alten Zürcher Rezept wohl anstünde? Das ist die Morchel, die Du wahrscheinlich aus der französischen Küche als würzige Begleiterin des Kalbfleisches kennst. Die Morchel ist der einzige Pilz, den unsere Vorfahren gesammelt und gegessen haben, der einzige Pilz, der in Zürcher Familienrezepten und alten Schweizer Kochbüchern erwähnt wird.

Warum das so ist, habe ich vor einer Woche im Ortsmuseum von Wädenswil erfahren, wo es eine Ausstellung über »Sammelnahrung und Heilpflanzen unserer Vorfahren« gibt. Dort hat mir Albert

Hauser, Professor für Geschichte und Soziologie der Land- und Forstwirtschaft an der ETH, erzählt, dass man früher bei uns kaum Pilze sammelte, weil man Angst vor den Giftpilzen hatte. Eine Ausnahme machte man nur für die Morcheln, weil die im Frühling fast allein daherkommen und so charakteristisch aussehen, dass man sie mit andern Pilzen kaum verwechseln kann.

So weit unsere Vorfahren; wenn Du nun aber Lust auf frischgepflückte »Morilles à la crème« haben solltest, muss ich Dir doch sagen, dass es auch giftige Frühlings-Lorcheln gibt, die den Morcheln ähnlich sehen und ihren Giftstoff erst durch das Dörren verlieren. Und es gibt auch einen Frühlings-Knollenblätterpilz.

Leider schreibe ich das alles nicht aus persönlicher Erfahrung; das ist Pilzbuchwissen; ich habe selber weder Morcheln noch Lorcheln gefunden. Dabei bin ich im artenreichen Herbst eine relativ glückliche Pilzsammlerin. Aber das Geheimnis der Morchelplätze hat sich mir noch nicht enthüllt. Vielleicht liegt das an den Tipps, die ich bisher von Pilzkennern bekommen habe. Werner C. hat mir vom Südwesthang des Üetlibergs gesprochen, Peter N. von den Osthängen des Glattals, und mein großes Pilzbuch sagt: »Auf ihr Erscheinen von Jahr zu Jahr kann man sich nicht verlassen.« Wahrscheinlich hat aber Ido recht, und wir sollten es einmal in der Umgebung von Rümlang versuchen. Nach einem warmen Regenfall, wie mein kleines Pilzbuch sagt.

Viele Grüße *Alice*

Das grusinische Huhn

3. Mai 1975

Liebe Alice,

dass wir uns so gut über Champignons verstehen, gibt mir natürlich Mut, Dir weitere Briefe zu schicken. Du kannst beruhigt sein, es geht diesmal nicht um Rezepte, sondern um Erfahrungen, die mit dem Essen zusammenhängen, wie um das »Bestellen«, eine nicht unwichtige Handlung, auf die man als Junggeselle lebensnotwendig angewiesen ist. Dass man dabei immer wieder neue Erfahrungen machen kann, wirst Du gleich sehen.

Ich hatte Dir das letzte Mal geschrieben, dass ich in Deutschland kaum an die deutsche Wurst kam. Das hat sich inzwischen merklich geändert; denn ich habe für einige Tage nach Berlin gewechselt, und da bin ich an etwas herangekommen, das ich mag: nämlich an Erbspüree, wie es zum Eisbein serviert wird. Dieses Erbspüree würde ich auch bei uns einführen und dem schweizerischen Bruder des Eisbeins, dem Wädli, beigeben.

Aber die Erfahrung, von der ich Dir schreiben will, machte ich nicht mit der deutschen Küche, sondern mit der russischen. Oder genauer: mit einem deutschen Kellner, der russische Speisen serviert – und zwar in Ostberlin, im Restaurant »Moskau«, an der Karl-Marx-Allee.

Wir waren zu sechst. Als wir uns gesetzt hatten, brachte der Kellner eine einzige Speisekarte und erklärte, er habe keine Getränkekarte, ob wir schon die Getränke bestellen wollten; er schlug Krimsekt vor. Das passte uns schon deswegen nicht, weil wir noch gar nicht wussten, was wir essen wollten. Das heißt, ich war fest entschlossen, die günstige Gelegenheit für Kaviar zu benutzen, »Seehasenkaviareier«, wie auf der Menükarte stand, »in Remouladensauce«, das dünkte mich schon recht gut. So bestellte ich gleich ein Bier und einen Wodka.

»Sechs Wodka«, notierte der Kellner. Aber da riefen schon vier am Tisch, sie wollten gar keinen Wodka. Doch der Kellner machte uns klar, dass er am liebsten alles gleich sechsmal bringe – »der Einfachheit wegen«.

Da wir nur über eine Speisekarte verfügten und da wir darauf aus waren, etwas »Typisches« zu essen, notierte ich den Namen der Speise auf der Papierserviette, um ihn bei der Bestellung präsent zu haben. Nachdem die Speisekarte reihum gegangen war und jeder sich entweder die Speise auf der Papierserviette gemerkt hatte oder den Namen leise vor sich hin flüsterte, um ihn nicht zu vergessen, kam der Kellner an den Tisch, um die Bestellung aufzunehmen. Doch er sagte: Ob wir nicht alle das Gleiche nehmen wollten, sie hätten eine Veranstaltung im Haus, da könne die Küche nicht gut für jeden etwas Besonderes …

Wir waren enttäuscht. Der Kellner machte einen Vorschlag: ein gutes Mixed-Grill. Das war es nun nicht gerade, doch er erklärte: Dieses Mixed-Grill heiße auf der Karte »Russische Bauernplatte«, sie sei auch typisch. Ich sah nach, es war weitaus die teuerste Speise, die er anpries.

Aber eines der Mädchen hätte gerne »grusinisches Huhn« gehabt und ließ sich nicht davon abbringen. Doch der Kellner ging nicht darauf ein, denn das grusinische Huhn wurde auf der Speisekarte ziemlich unten bei den billigeren Speisen aufgeführt. So schlug er uns etwas anderes vor: Es war die zweitteuerste Speise.

Von da an ging es nun nicht mehr um die Bestellung, es ging auch nicht mehr um das, was wir eigentlich essen wollten, sondern es fing ein Kampf zwischen Gästen und Kellner an, wobei der Schlachtruf immer eindeutiger »grusinisches Huhn« hieß.

Das Mädchen hatte bereits Unterstützung von einem Zweiten erhalten, der auch »grusinisches Huhn« verlangte. Da sagte der Kellner, wir könnten auch mit ausländischer Währung bezahlen. Da war nun auch ich dafür, dass wir »grusinisches Huhn« bestellten; nach einer kurzen Diskussion einigten wir uns alle sechs darauf, grusinisches Huhn zu essen.

Damit hatten alle gewonnen und alle verloren – der Kellner konnte für sechs Personen das Gleiche auftragen, aber nicht das, was er uns vorgeschlagen hatte, wir hatten uns nicht vom Kellner terrorisieren lassen, aber fünf von sechs aßen gar nicht das, was sie sich ursprünglich vorgenommen hatten. Du siehst, bestellen ist gar nicht so einfach. Natürlich war ich zum Vornherein einmal verärgert, und das grusinische Huhn konnte gar nicht mehr schmecken.

Oder willst Du doch wissen, wie es schmeckt? Also gut, dann gebe ich Dir das Rezept, denn es ist durchaus möglich, auch in Zürich grusinisches Huhn zu essen, was Dir sicher gefällt, da Du dafür einmal mehr einfach um die nächste Ecke gehen musst:

Man nimmt für ein grusinisches Huhn die nächste Imbissecke, wo sich ein Hühnergrill dreht, dann nimmt man vom Grillspieß ein gut durchgetrocknetes Huhn, schneidet davon eine dünne Scheibe ab und serviert es nicht mehr ganz warm – ich glaube, das ist ein recht einfaches Rezept, das man sich ohne weiteres merken kann.

Bis zum nächsten Mal *Hugo*

Speck und Bohnen

10. Mai 1975

Lieber Hugo,

ich weiß nicht, warum Du das Erbspüree, das Du in Berlin entdeckt hast, bei uns zum Wädli einführen willst. Hast Du unsere bewährte Erbssuppe mit Gnagi vergessen? Und hast Du noch nie davon gehört, dass auch Erbsmus mit Schnörrli, Öhrli und Wädli eine ehrwürdige Berner Spezialität ist? Zwischen Naturkonserven wie eingesalzenem Schweinefleisch und gedörrten Erbsen gibt es halt eine Verwandtschaft, die über die Landesgrenzen und über die verschiedenen gastronomischen Traditionen hinaus wirksam ist.

Noch viel ausgeprägter finde ich aber die Affinität zwischen Geräuchertem und Gedörrtem, und ich bin sicher, dass die klassische Kombination von Speck und Bohnen auf die Zeit zurückgeht, da man im Winter aus Dörrbohnen, Speck und Kartoffeln einen köstlichen Eintopf zubereitete. Heute hat man das vergessen und kocht den Speck das ganze Jahr mit importierten oder tiefgekühlten grünen Bohnen, was eine zufällige und nicht besonders harmonische Zusammenstellung ist; zu grünen Bohnen passt frisches Fleisch eigentlich besser. Speck und Dörrbohnen ergänzen sich dagegen so vollkommen, dass man da, wie französische Kochbuchautoren es auszudrücken pflegen, von der Vermählung zweier Aromen sprechen kann. Das gilt auch für die Berner Platte: Diese stolze Demonstration einer reichhaltigen Räucherkammer erreicht ihre Vollkommenheit nur, wenn Schweinsfüße, Rippli, Räucherzunge, Speck und Schinken auf einem Bett von Dörrbohnen liegen. Ebenbürtig ist natürlich die Variante mit Sauerkraut.

In *Manuel Gassers Köchelverzeichnis,* das ich mit Vergnügen und Verblüffung immer wieder durchlese, weil es kein Register hat, wird die Dörrkombinatorik noch einen Schritt weiter getrieben: Der Ungar Ferenc kocht zusammen mit Dörrbohnen und Speck auch gedörrte Birnen oder Zwetschgen. Das hat etwas Einleuchtendes: Gedörrte Birnen oder Äpfel mit Speck sind im Schweizer Mittelland ja eine weitverbreitete und typische Bauernmahlzeit, und ich kann mir vorstellen, dass auch der Dreiklang aus Räucherspeck, Dörrbohnen und Dörrobst gut schmeckt. Wenn ich keine Lust habe, das selber auszuprobieren, so liegt es wahrscheinlich daran, dass der Ungar mich misstrauisch macht, wenn er das Gericht abschließend mit süßer Sahne und Paprika verfeinert. Das ist mir zu kühn, obwohl ich weiß, dass alle kulinarischen Entdeckungen durch Kühnheit im rechten Augenblick gemacht werden. Ob das aber der rechte Augenblick für Paprika ist …

Eintöpfe aus Obst, Speck und Kartoffeln gibt es übrigens auch in Deutschland: Sie tragen dort so malerische Namen wie »Himmel und Erde« und »Schlesisches Himmelreich«, während sie in der Schweiz »Schnitz und drunder« oder einfach »Köch« heißen. Wo Erbsen, Äpfel, Birnen und Kartoffeln gepflanzt und Schweine gezüchtet werden, isst man auch ähnliche Gerichte, und das ist vermutlich ein weiterer Grund dafür, dass Deutschland in gastronomischer Hinsicht für Schweizer eher unergiebig ist.

Herzlich *Alice*

PS. Du erinnerst Dich sicher, dass ich Dir einmal geschrieben habe, dass ich Stockfisch kochen kann, der weder zäh ist noch stinkt. Darauf habe ich viele Anfragen nach meinem Rezept bekommen. Es ist italienischer Provenienz und wird Dich als Bacalhau-Liebhaber interessieren. Ich kaufe pro Person in einem italienischen, spanischen oder griechischen

Laden ein halbes Pfund Baccalà und lege ihn über Nacht in einer Schüssel unter den fließenden Wasserhahn, damit das Salz, in dem der Fisch konserviert ist, weggeschwemmt wird. Nach zwölf Stunden – längeres Wässern macht ihn leicht fad und zäh – lege ich ihn für ein paar Stunden in Milch, in der er, wie die Leber, zart wird. Dann trockne ich ihn ab und nehme die Gräte heraus; die Haut lasse ich ihm gegen alle Regeln, weil ich finde, dass sie gut schmeckt. Mit einer Schere schneide ich den ganzen Fisch in ungefähr 8 cm breite Quadrate, die ich im Mehl leicht wende und in einer Bratpfanne mit heißem Öl knusprig brate. An diesem Punkt kann man, wenn man hungrig ist und den reinen und kräftigen Geschmack des Meerfisches liebt, mit Kochen aufhören und den gebratenen Baccalà mit einem Glas Frascati als »Zvieri« oder Aperitif genießen.

Manchmal mache ich auch weiter und koche eine einfache Tomatensauce: Ich dünste Zwiebeln und Knoblauch, den ich nicht hacke, sondern in feine Scheiben schneide, im Olivenöl, lösche mit einem Glas Wein ab, gebe eine Dose geschälter Tomaten (Pelati) dazu, würze mit Salz und Pfeffer und lasse ungefähr fünf Minuten auf kleinstem Feuer kochen. Zum Schluss vermische ich die Sauce mit grob gehackten Kapern, entsteinten und in Streifen geschnittenen schwarzen Oliven, ganz wenig in lauwarmem Wasser eingeweichten Rosinen und ein paar Pinienkernen.

Jetzt kommt der letzte Akt: Ich lege die gebratenen Baccalà-Stücke in eine eingeölte feuerfeste Schüssel, bedecke sie mit der Tomatensauce und schiebe sie für eine halbe Stunde in den heißen Backofen. Vor dem Essen lasse ich das Baccalà-Gericht ein wenig abkühlen, damit es sein ganzes reiches Aroma entfalten kann.

Vom Eisbein bis zu Dante

17. Mai 1975

Liebe Alice,

ich schreibe Dir von Erbspüree, und Du erinnerst mich daran, dass es bei uns Erbssuppe gibt. Aber mit der Suppe gehupft, ist nicht mit dem Mus gesprungen. Dann informierst Du mich, dass es eine Berner Spezialität gibt, zu der Erbspüree serviert wird; aber ich esse mein Wädli in Zürich, und da habe ich auf dem Teller noch nie Erbsmus gegessen.

Im Umgang mit Dir fällt mir auf, dass ich gar kein so besessener Intellektueller bin, wie es manchmal den Anschein haben könnte. Mir geht es nicht so sehr darum, was im Kochbuch steht, als was auf dem Teller liegt. Wenn Du, statt mit mir, mit Friedrich Schiller einen Briefwechsel führtest, würdest Du erfahren, dass Du einen »sentimentalischen Zugang« zur Küche hast, während meiner eher naiv ist.

Das heißt nun nicht, dass ich etwas gegen Kochbücher habe. Bewahre. Zum Beispiel weiß ich jetzt dank Gedrucktem, weshalb das Wädli Eisbein heißt. Es kommt nämlich vom niederdeutschen »Isben«, jenem Hüftknochen, der zum Eislaufen so geeignet ist. Ich wusste bis jetzt nicht, dass auch Vierbeiner Schlittschuh laufen, aber anscheinend darf man nur den Esel nicht aufs Glatteis schicken. Wenn sich ein anderes Tier darauf begibt, macht das nichts aus, weil man dann zum Eisbein bzw. Wädli kommt. Ich hoffe jedenfalls, dass das Eisbein von Tieren stammt. Auf alle Fälle schaue ich mir in Zukunft die Eisrevue »Holiday on Ice« etwas genauer an.

Das mit dem Eisbein weiß ich erst seit kurzem. Ebenso weiß ich erst seit kurzem, dass das Casseler nicht aus Kassel stammt, sondern von einem Metzger Cassel aus Berlin. Auch die Wienerwurst stammt nicht aus Wien, sondern aus Berlin, nämlich vom Schlachter Wien am Hackeschen Markt (keine schlechte Adresse für einen Metzger). Ich frage mich nur, aus welcher Stadt wohl die Berliner kommen.

All das weiß ich, weil ich mich dem Verdacht ausgesetzt habe, ich hätte nicht allzu viel für die deutsche Küche übrig. Daraufhin hat mir Rodolphe W. Schelbert ein Buch zukommen lassen, ein Kochbuch natürlich, ein Faksimile-(Teil-)Druck des *Brandenburgischen Kochbuches,* das 1692 erschienen ist; es soll das zweitälteste Kochbuch in deutscher Sprache sein, das von einer Frau geschrieben wurde, nämlich von Maria Sophia Schellhammer; ihr vorangegangen ist die Baslerin Anna Wacker.

Dieses Kochbuch enthält natürlich viele lehrreiche Dinge, es ist schließlich für die »wohlunterwiesene Köchin« geschrieben, also auch für Dich. Darin könntest Du zum Beispiel erfahren, dass es in Deutschland die Bremer waren, die sich besonders des Stockfisches angenommen haben; aber als Stockfischexpertin weißt Du das natürlich schon längst. Hingegen gibt es vielleicht doch Dinge, die für Dich neu sind. Ich war zwar nie mit Dir in Deinem Keller (was kein Vorwurf ist), und so weiß ich nicht, ob Du in Deinem Keller auch Aale züchtest; sollte dies der Fall sein, dann möchte ich Dich warnen: »weil die Schlangen sich mit den Aalen vermischen und man Exempel hat, dass der Aal weggekrochen, die Schlange aber an dessen Stelle verzehrt worden ist. Wiewohl diese an sich selbst gegessen nicht schadet, wenn nur der Schrecken nicht ein Unglück machet, daher denn, so ja ein solches Missverständnis sich zutragen sollte, man sich vor allem hüten muss, dass derjenige, so sie gegessen hat, nicht zu wissen bekömmt. Denn obschon die Schlangen an sich nicht schädlich, so hat man doch die Nachricht, dass Leute aus bloßem Schrecken und Einbildung davon gestorben.«

Diese Stelle zitiere ich Dir nicht nur zur Warnung, sondern auch, weil damit eine grundsätzliche Erfahrung ausgesprochen wird – es ist vieles bekömmlicher, als die Leute meinen, aber sobald sie wissen, was sie essen, sind sie imstande und sterben daran.

Du siehst, ich schätze durchaus den Umgang mit Kochbüchern. Das *Brandenburgische Kochbuch* hat mich umso mehr gefreut, als sein Herausgeber, der eine wichtige Rolle beim Aufbau des Hotels Schweizerhof in Berlin spielte, in einem Vortrag vor einer »gastronomischen Gesellschaft« darlegte, wie früh in seiner Kindheit schon er sich zur Küche hingezogen fühlte: Auch er hörte das Märchen von Rotkäppchen, aber er hat sich nicht so sehr für Rotkäppchen, den Wolf oder die Großmutter interessiert als vielmehr für den Kuchen, den Rotkäppchen mit sich führte – es soll ein brandenburgischer Spritzkuchen gewesen sein. Aber vielleicht bist Du in der Hinsicht viel besser informiert.

Apropos Informiertsein: Letzthin fragte mich

jemand, was wohl Dante mitgenommen hat, als er in die Hölle einstieg. Ich konnte ihm natürlich nicht antworten, aber ich sagte ihm, ich kenne jemand, der sich in der Küche ebenso gut auskennt wie in italienischer Literatur, und sie – ich meine Dich – könne hier bestimmt Auskunft geben. Inzwischen macht es mich auch neugierig, was Dante mit in die Hölle nahm. Dass er die Hoffnung nicht mitnahm, das weiß ich, aber er wird doch wohl irgendeine Zwischenverpflegung eingepackt haben. Das interessiert mich schon deswegen, weil ich nicht sehr sesshaft bin, und da weiß man nie so recht, wo man plötzlich landet.

Mit freundlichen Grüßen *Hugo*

Eine Osteria ohne Sterne

24. Mai 1975

Lieber Hugo,

Deine Frage nach der Wegzehrung, die Dante auf seiner Jenseitswanderung mitgenommen hat (Du redest zwar nur von der Hölle und scheinst Dich für Purgatorium und Paradies nicht zu interessieren), hat mich an die älteste Dante-Biographie erinnert. Boccaccio hat sie verfasst und darin erzählt, dass Dante einmal an einem Haus in Verona vorbeikam, vor dem ein paar alte Frauen saßen. Eine von ihnen flüsterte, das sei der berühmte Alighieri, der, sooft er wolle, in die Hölle gehe und Nachrichten von den Verdammten bringe. Eine andere erwiderte: »Du hast recht. Sieh nur, wie kraus sein Bart und wie dunkel seine Haut! Das kommt von der Hitze und dem Rauch dort unten.« Diese Frauen hätten Dir auch über Dantes Proviant Auskunft geben können.

Ich habe Deinen Brief in Roveredo gelesen, wo ich ein paar Ferientage verbringe. Über Pfingsten war ich mit Ido bei Bekannten am Lago d'Iseo, und auf dem Heimweg haben wir zwischen Bergamo und Como eine Osteria entdeckt, von der ich Dir erzählen muss.

Ihren Namen habe ich vergessen, auch denjenigen der Ortschaft. Sie liegt am Ufer der Adda, und wir sind zum Fluss hinuntergefahren, weil wir in einem kühlen Garten etwas trinken wollten. Wir mussten nicht lange suchen. Nahe am Wasser, im Schatten alter Häuser, standen die Holztische der Dorfwirtschaft, wo die jungen Leute Gelati essen und die alten Männer Rotwein trinken und alle mit- und durcheinander vom Sport reden. Aus dem Fenster tönten die Radiokommentare über die letzte Meisterschaftsrunde im Fußball, und als die Turiner Juventus als Sieger vor Neapel feststand, brach Jubel aus: zum Glück kein Triumph für die Süditaliener! Auch der »Giro« ohne Eddy Merckx war Anlass zu endlosen Diskussionen über die Chancen der Italiener, und ich erfuhr in kurzer Zeit alles über Gimondi, Baronchelli und Battaglin.

Der Wirt ließ sich nicht mehr blicken; wir standen auf, um an der Theke noch einen Espresso zu trinken. Neben der Kaffeemaschine ließ ein halbgezogener Vorhang den Blick in die Küche frei, wo die Frau des Wirts mit flinken Händen auf einem Holzbrett Gnocchi schnitt. Das war ein so vertrauenerweckender Anblick, dass wir beschlossen, zum Essen zu bleiben, und in der Zeit, die verstrich, bis die Gnocchi auf unserem Teller lagen, entwickelte Ido eine überzeugende Theorie der italienischen Küche, die nicht wie die französische von »grands chefs«, sondern von Hausfrauen geprägt wird, die wie die Frau des Wirts ungefähr vierzig Jahre alt, aktiv und fröhlich sind. Man erkennt sie auch an ihren einfachen, sauberen Kleidern, auf denen sie höchstens einen Mehlfleck haben. Den Zugang zu ihrer Küche weist einem kein »Guide culinaire«: Man muss sich Zeit nehmen, sie selber zu finden.

Wir haben die Gnocchi mit geriebenem Parmesan und flüssiger Butter gegessen, die mit ein paar

Salbeiblättern parfümiert war. Als Hauptgang schlug uns der Wirt gebackene Fische aus der Adda vor; es waren gewöhnliche Weißfische, aber so knusprig durch und durch gebacken, wie das nur jemandem gelingt, der in dieser Zubereitung viel Übung hat.

Am meisten Eindruck hat mir aber der Salat gemacht. Du kennst sicher die leicht bittere, hellgrüne Cicoria, den Lieblingssalat ganz Norditaliens, deren Blätter vom Frühsommer bis im Herbst in sehr feine Streifchen geschnitten werden. Im Frühling dagegen, wenn die Pflänzchen jung sind, kann man ihre zarten Blätter ganz verwenden, und das ist dann eine besondere Delikatesse.

Der Wirt an der Adda fragte uns, ob wir die Cicoria lieber ganz jung oder etwas kräftiger wollten, und als wir etwas unschlüssig waren, sagte er zu mir, ich solle mit ihm kommen und selber entscheiden. Er führte mich nicht in die Küche, sondern in den Gemüsegarten hinter der Küche, wo in drei verschiedenen Beeten 4 cm, 8 cm und 12 cm hohe Cicoria wuchs. Ich entschied mich für die mittlere, und er schnitt mit einem scharfen Messer eine tüchtige Portion ins Salatsieb.

Kann es einem in einem Dreisternrestaurant bessergehen?

Auf bald in Zürich *Alice*

Höllenfraß und Paradiesäpfel

31. Mai 1975

Liebe Alice,

leider kenne ich die beiden alten Frauen nicht, die mir authentische Antworten geben könnten über Dantes Wegzehrung in die andere Welt; ich vermute, diese beiden Alten aus Verona leben nur noch in Boccaccios Dante-Biographie. Pech.

Natürlich hatte ich insgeheim gehofft, dass Du Dir überlegst, was Du ihm mitgeben würdest oder was man aller Wahrscheinlichkeit nach in der Hölle vorgesetzt erhält. Es gibt doch schließlich den Ausdruck Höllenfraß, und aus irgendetwas wird er wohl bestehen. Und dann gibt es auch den Ausdruck Schlangenfraß, etwas, das in diesem Zusammenhang sich durchaus als kulinarische Möglichkeit anbietet. Und wenn ich mich nicht irre, spricht man auch von einem Teufelsbraten. Aber wie man den würzt, ob eine Marinade tunlich ist, ob man Zwiebeln dazu benutzt, was man allgemein dazu reicht – all das hätte mich interessiert, aus berufenem Munde zu erfahren.

Aber ich sehe, ich bleibe mir selber überlassen und komme ob meiner Fragerei in Teufels Küche.

Du hast Dich gewundert, weshalb ich mich in erster Linie nach der Wegzehrung in die Hölle erkundigt habe. Das hat ausschließlich praktische Gründe. Erstens weiß man nie, und ich bin nicht gerne unvorbereitet, und zweitens habe ich von Zeit zu Zeit das ehrliche Bedürfnis, gute Bekannte aufzusuchen. Da macht es sich immer nett, wenn man etwas mitbringt. Wenn ich wüsste, wie dort die kulinarischen Verhältnisse sind, wäre die Frage nach dem Mitbringsel leichter zu beantworten.

Denn was es im Paradies zu essen gibt, das dürfte mindestens in einem Punkt klar sein. Allerdings weiß ich nicht, ob das Äpfelverbot auch für die gilt, welche zur Belohnung ins Paradies kommen. Ich könnte mir schon denken, dass diese Schikane aufhört, schließlich sind die, welche kommen, schon bestraft genug, indem sie ein Leben hinter sich haben. Was die Äpfel betrifft, würde ich von Zeit zu Zeit ganz gerne geschmorte Äpfel haben. Eines meiner Lieblingsdesserts. Angesichts dessen, dass im Betrieb die kleinen Teufel heizen, dürften solche geschmorten Äpfel kein Problem sein, und irgendwie sollte man die Energie der Hölle doch auch für die Glückseligen verwenden. Jedenfalls würde ich das gleich vorschlagen, sofern es in diesen Bereichen so etwas wie Mitbestimmung gibt. Zusammen mit Manna dürften geschmorte Äpfel eine Delikatesse sein.

Denn dass im Paradies gut gekocht wird, daran zweifle ich nicht. Ich stütze mich bei dieser Annahme auf eine ziemlich zuverlässige Aussage. Die spanische Mystikerin Teresa von Avila hat einmal gedichtet: »Gott wandelt auch zwischen den Kochtöpfen.« Da sie so großartig über die Seidenraupe gedichtet hat und über das Gleichnis des bewässerten Gartens, wird man ihr schon glauben dürfen. Allerdings wundert es mich, denn soweit ich mich erinnere, habe ich auf keiner Darstellung des Paradieses je einen Gemüse- oder Kräutergarten entdeckt. Das sollte es aber schon haben, denn der berechtigte Verdacht besteht, dass die Paradiesküche eher eine vegetarische sein wird. Jedenfalls habe ich noch nie etwas von Gottesbraten gehört. Oder kennst Du sonst eine himmlische Speis?

Wenn Du übrigens einmal in Madrid bist, musst Du in ein Restaurant gehen, das sich nach der spanischen Mystikerin nennt: »Horno de Santa Teresa« – »Herd der heiligen Theresa«. Ihr Bildnis findest Du über dem Eingang, eben deswegen, weil sie Gott zwischen den Kochtöpfen wandeln ließ. Der Chef des Restaurants ist ein Arzt, der auf Küche umstellte. Vor allem sind die Fischspezialitäten zu empfehlen.

Es ist allerdings ein Restaurant, das ein paar Sterne hat. Aber wenn es einen Fall gibt, wo Sterne berechtigt sind, dann ohne Zweifel, wenn es sich um die Gaststätte einer Heiligen handelt. Stell Dir vor, wie viele Sterne erst die Paradiesküche hat.

Mit freundlichen Grüßen *Hugo*

An der Quelle der Kochkunst

7. Juni 1975

Lieber Hugo,

dass der liebe Gott auch zwischen den Kochtöpfen wandelt, habe ich eigentlich schon immer vermutet, und darum freue ich mich, dass die heilige Teresa von Avila das so kompetent formuliert hat. Mönche und Nonnen haben schließlich zu allen Zeiten den Weinbau gepflegt, neben Heil- auch Küchenkräuter gepflanzt, feines Gebäck hergestellt und die kulinarischen Traditionen nicht nur bewahrt, sondern auch bereichert.

Und weißt Du, warum man die Ursprünge der modernen Kochkunst in Italien findet und nicht in Frankreich, wie meistens angenommen wird? Weil die Köche des Vatikans im 15. Jahrhundert eine delikate neue »ars coquinaria« entwickelten, die für Körper und Seele bekömmlicher war als die überwürzten mittelalterlichen Mischgerichte. Der Pionier dieser Neuorientierung war der päpstliche Bibliothekar und Hobbykoch Bartolomeo Sacchi, der unter dem Pseudonym Platina 1474 das lateinische Kochbuch *De honesta voluptate et valetudine* veröffentlichte. Das Werk hatte einen Riesenerfolg und wurde ins Italienische, Französische und Deutsche übersetzt; 1542 erschien es in Augsburg unter dem schönen Titel *Von der eerlichen, zimlichen, auch erlaubten Wollust des Leibs*.

Dass diese ehrliche Wollust im Schoß der Kirche immer noch gepflegt wird, beweist mir jedes Jahr das Restaurant »Aux Eaux-Vives« in Rom. Es ist das Lieblingsrestaurant von Giancarlo, der die römische Filiale des Einaudi-Verlags leitet und mir, wenn ich in Rom bin, alles Wissenswerte über die italienische Literaturszene erzählt. Er tut das mit der ironischen Distanz eines Gelehrten, dem eigentlich nichts über die französische Literatur des 18. Jahrhunderts geht, und dazu bietet »Aux Eaux-Vives« den richtigen Rahmen.

Es liegt an der Piazza Sant'Eustacchio hinter dem Pantheon, ganz in der Nähe der Bar, wo man den besten Espresso von Rom trinkt. Durch eine unauffällige kleine Tür betritt man ein seltsam elegantes und dezentes Ambiente von rotem Plüsch, sanftem Licht und gedämpfter Hintergrundmusik von Bach und Vivaldi. Die Speisekarte ist französisch, und das

Essen wird von Afrikanerinnen und Vietnamesinnen in Nationalkostümen serviert. Es sind alles Nonnen, denn das Restaurant wurde für die französischen Missionare in Rom gegründet, die auf die Küche ihrer Heimat nicht verzichten möchten. Man geht in der Sorge um ihr leibliches Wohl sogar noch einen Schritt weiter: Falls sie nämlich Lust nach der Gastronomie ihrer Missionsländer haben, können sie zwischen einem kongolesischen und einem vietnamesischen »plat du jour« wählen.

Und diese exotischen »plats du jour«, die zeigen, dass ein Missionar unter jedem Himmelsstrich gut essen kann, möchte ich Dir herzlich empfehlen. Sie bringen mich in eine angenehme Verwirrung, weil ich nicht begreife, warum sie so gut schmecken. Ich erinnere mich zum Beispiel an ein Poulet, das keine Knochen, dafür aber eine köstliche und unverständlich reich gewürzte Füllung hatte. Und auch die Ananas, die wir dort zum Dessert gegessen haben, sind mir unvergesslich. Es waren keine Rondellen mit einem Loch in der Mitte, sondern Tranchen, die der Länge nach aus der Frucht geschnitten und mit Rum parfümiert waren.

Giancarlo hat die »Supérieure«, die den Betrieb mit freundlicher Anmut überwacht, einmal nach dem Besitzer des Restaurants gefragt und die entwaffnende Antwort bekommen: »La Sainte Vierge.«

Seither bin ich überzeugt, dass man im »Eaux-Vives« an der Quelle der Kochkunst ist. Das leuchtet sicher auch Dir ein.

Mit freundlichen Grüßen *Alice*

Der siegreiche Espresso

15. Juni 1975

Liebe Alice,

ich weiß, die französische Küche ist gar nicht so französisch, wie sie tut, obwohl ich das auch lange Zeit meinte. Aber ich weiß es wirklich nur dank Dir.

Aber warum redest Du von historischen Zeiten? Vom damaligen Siegeszug der italienischen Küche? Gibt es heute nicht etwas Entsprechendes?

Als ich in den ersten Nachkriegsjahren in Italien war und dabei bis nach Neapel hinunterkam, aß ich dort Pizza. Es war etwas völlig Ungewohntes, das man auch schon kaum in Mailand gekriegt hätte. Verschwiegen denn bei uns. Das kann man sich kaum mehr vorstellen, wenn man an die abgepackten Pizzas in den Supermärkten denkt. Aber es war damals in andern Städten nicht viel anders.

Als ich in Paris studierte, so um die fünfziger Jahre

herum, kannte ich jemanden, der von einem italienischen Restaurant wusste. Man musste dazu hinfinden, es war ein Geheimtipp; italienisch essen gehen hatte damals etwas Exotisches. Als ich später einen Pariser Freund traf und wir zusammen essen gehen wollten, schlug er eine ganze Liste von Pizzerias in einem Rayon von ein paar Straßenzügen vor.

Und ähnlich ging es mir in London. Als ich zur Zeit der Austerity zum ersten Mal dort war, fand ich die Spaghetti kalt, zur Garnitur gerollt, auf einem Stück Brot als Sandwich. Inzwischen kann ich mir London, vor allem das einstige Swinging London, gar nicht mehr ohne italienische Restaurants vorstellen. Ich meine damit nicht die teuren Spezialitätenrestaurants, sondern genau das Gegenteil, nämlich populäre italienische Gaststätten, die en vogue geblieben sind.

Ich kenne jedenfalls keine europäische Küche, die in gleichem Maße in den letzten beiden Jahrzehnten einen solchen Siegeslauf erlebt hat wie die italienische. Natürlich hängt das auch damit zusammen, dass die Leute viel mehr reisen und auch das zu essen beginnen, was der Bauer sonst nicht frisst. Aber das scheint mir als Erklärung nicht zu genügen.

Bietet sich hier für Dich nicht eine einzigartige Gelegenheit? Statt dass Du zur Historikerin der italienischen Küche wirst, könntest Du doch zu deren

Chronistin werden: »Wie die ars coquinaria italiana im fünften und sechsten Decennium eines Jahrhunderts wie dem unseren immer mehr ausländischen Gaumen zur erlaubten Wollust verhalf«. Und beginnen könntest Du mit Deiner eigenen Küchenausstattung – habe ich doch bei Dir letzthin einen vorzüglichen Espresso getrunken. Und dies dank einer amerikanischen Maschine, deren Namen ich jetzt nicht nennen will. Und es war wirklich ein Espresso, wie man ihn sonst nur in einer italienischen Bar kriegt.

Darf ich mir in Deiner zeitgenössischen Chronik über den Siegeslauf der italienischen Küche das Kapitel über den Espresso reservieren? Ich bin doch ein leidenschaftlicher Kaffeetrinker, das weißt Du. Und ich gäbe mir in diesem Abschnitt, oder sagen wir bescheidener, im Espresso-Anhang, alle Mühe, von so viel Arten des Kaffeetrinkens wie nur immer möglich zu berichten. Für mich ist doch der Frühstückskaffee zum Beispiel ein anderer Kaffee als der, den ich nach dem Essen trinke und wozu man vielleicht einen Schnaps nimmt; und noch etwas anderes sind der Capuccino mit seinem Schokoladepulver und die spanische Art, den Kaffee zu trinken: ein Stück Schokolade in den Mund zu stecken und es mit dem Kaffee zergehen zu lassen, ganz abgesehen von dem Kaffee, in den man etwas Vanille tut.

Es hat mir immer eingeleuchtet, dass Wien, die erste kaffeetrinkende Stadt, bis heute die verschiedensten Namen für den Kaffee kennt, je nachdem, wie er serviert wird – unter all diesen Arten, den Kaffee zu trinken, hat der Espresso ebenfalls einen Siegeslauf hinter sich, auch wenn noch lange nicht alles, was Espresso heißt, auch Espresso ist: ganz wenig Kaffee, ganz stark, ganz heiß und gezuckert. Selbst mit dem Zucker halte ich es verschieden, aber das wirst Du alles genau lesen können, wenn Du Dich entschlossen hast, einmal aktuelle Küchengeschichte zu schreiben.

Mit besten Grüßen *Hugo*

Forellen-Quartett

21. Juni 1975

Lieber Hugo,

schwarz auf weiß zu lesen, dass Du bei mir einen Espresso getrunken hast, »wie man ihn sonst nur in einer italienischen Bar kriegt«, hat mich beglückt. Das war sozusagen die Teilerfüllung eines Jugendtraums; denn als ich noch studierte und nicht wusste, wie ich später einmal Geld verdienen würde, stellte ich mir manchmal vor, das Einfachste wäre, eine Espressobar aufzutun und die Zürcher zum italienischen Kaffee zu bekehren. Auf die Idee bin ich wahrscheinlich in der »Züri-Bar« in der Nähe der Zentralbibliothek gekommen, wo ich meine ersten Espressi getrunken habe.

Als Du letzthin wegen der Dillsauce zur geräucherten Forelle angerufen hast, habe ich mich sehr kurz gefasst, weil ich Deinen Kochstress nicht steigern wollte. Sonst hätte ich Dir gern von meinen eigenen Forellenerfahrungen erzählt. Sie betreffen zwar nicht die geräucherten, sondern die frischen Forellen, die ich bisher nicht besonders schätzte: ich hielt sie – ähnlich wie die Produkte der Geflügelindustrie – für eine Art neutrale Geschmacksträger, die man durch aromatische Zutaten und Kochkunst für den Gaumen gefällig machen kann.

Das hat sich geändert, seit ich am letzten Montag in Roveredo zum ersten Mal echte Forellen – nicht Zuchtforellen – gegessen habe. Idos Götti hatte sie am Nachmittag in der Moesa geangelt. Es waren vier schlanke, schöne Fische mit silbernem Schimmer und roten Pünktlein. Ich nahm sie in einem mit Wasser gefüllten Becken aus und dachte dabei, die einzig richtige Zubereitung wäre wahrscheinlich, sie blau zu kochen. Weil Ido aber blaue Forellen für Krankenkost hält, drehte ich sie im Mehl und briet sie dann ganz langsam in Butter, die bis zum Schluss schön gelb blieb und nicht anbrannte. Sie schmeckten, mit ein wenig Zitronensaft beträufelt, köstlich, und ich habe zu meiner Überraschung festgestellt, dass eine Bachforelle mit einer Zuchtforelle weniger gemeinsam hat als ein Waldpilz mit einem Zuchtchampignon.

Aber vielleicht weißt Du das längst und findest wie Ido, dass das Fleisch der Zuchtforelle an feuchte Watte erinnert, während die Bachforelle eine zarte, feste und saftreiche Substanz hat. Wir haben übrigens zu unserem Forellen-Quartett einen leichten hellen Nostrano getrunken und diese Begleitung als sehr harmonisch empfunden.

Als ich wieder in Zürich war, habe ich mein dickstes Kochbuch hervorgenommen und nachgeschaut, was Curnonsky in seiner über tausendseitigen *Gastronomie pratique,* die mir ein Bekannter geliehen und nie mehr zurückverlangt hat, über die Forellenzubereitung schreibt. Ich muss Dir die beiden Sätze, die mein kulinarisches Selbstvertrauen gestärkt haben, zitieren: »La truite de rivière et, en particulier, la truite d'eau froide coulant sur un sol granitique, est un poisson extrêmement fin. Le procédé le meilleur pour lui conserver son arôme est de la faire cuire tont simplement au beurre, procédé dit ›à la meuniere‹.« Das nachfolgende Rezept stimmt mit meinem genau überein, nur dass Curnonsky 200 Gramm

Butter vorschreibt, während ich mit der Hälfte auskam. Jetzt kann ich die blauen Forellen ruhig vergessen.

Am schönsten finde ich aber, dass die Forellen aus der Waldschlucht der Traversagna noch viel besser schmecken sollen, wahrscheinlich wegen des »sol granitique«, den sie dort haben. Sie haben eine dunklere Farbe und unglaubliche Energie: Sie nehmen den Schwanz ins Maul und katapultieren sich fünf Meter hohe Wasserfälle hinauf. Ido hat sich vorgenommen, dort nach dem 1. Juli sein Glück wieder einmal mit der Angel zu versuchen. Ich werde Dir vom Erfolg berichten.

Viele Grüße *Alice*

Es begann mit Dill

28. Juni 1975

Liebe Alice,

leicht verlegen habe ich Deinen Brief gelesen. Das heißt, es war nur eine Stelle, die mich verlegen gemacht hat. Nämlich dort, wo Du davon sprichst, dass ich Dich wegen einer Dillsauce angerufen habe. Ich muss nämlich zugeben, dass mir nicht gelungen ist, was ich vorhatte.

Ich liebe doch geräucherten Fisch, aber nicht kalt, sondern warm. So war ich fest entschlossen, mit geräucherten Forellenfilets (dänischer Herkunft, um vollständig zu bleiben) eine warme Mahlzeit zu bereiten. Ich weiß nicht mehr, wo ich zum ersten Mal solch warme geräucherte Fische gegessen habe, indessen weiß ich noch genau, wie das schmeckt: Der Rauchgeschmack gewinnt.

Aber eben – ich habe einen Fehler gemacht. Allerdings weiß ich jetzt, was für einen. Das ist ja das Erfreuliche an der Küche, dass sie wie alle Kunst eine gewisse Logik hat und dass man mit dieser Logik durchkommt. Ich habe, um es geradeheraus zu sagen, die Filets in die Pfanne getan, in der natürlich schon etwas Butter war, das heißt, ich habe die Filets gebraten, und das war falsch: Denn einmal verloren sie ihre Zartheit, und dann wurde dadurch der Rauchgeschmack so penetrant, so stark jedenfalls, dass vom Geschmack der Forelle selber nichts mehr übrig blieb.

Das war falsch, und richtig wäre, wenn ich mich nicht irre, wenn man die Fische, das heißt die Filets, nicht direkt in die Pfanne täte, sondern auf so etwas legt wie einen Einsatz. Zwar besitze ich keinen solchen, aber er müsste so konstruiert sein, dass er … Aber das kannst Du Dir schließlich selber vorstellen.

Und zu diesen Filets wollte ich eben eine Dillsauce machen. Ich habe sie auch gemacht, und so misslungen ist die keineswegs. Ich tat es nicht zuletzt deswegen, weil mich der Dill auf besondere Art lockte. Ich habe doch auf meiner Küchenterrasse einen Kräutergarten angelegt. Nicht gerade ein kulinarisches Versailles, aber immerhin: Ich habe mir Setzlinge erstanden und sie in Töpfe gepflanzt. Und dabei übrigens eine Erfahrung gemacht, die mich geärgert hat; ich habe zugleich »Blumenkistchen« kaufen wollen, schöne rote aus Ton. Meinst Du, das gebe es noch? Mitnichten – überall wurden mir diese hässlichen Eternitkistchen angeboten. Ton, Keramik wird schon lange nicht mehr hergestellt. Dabei gibt die rote Farbe doch dem Balkon einen warmen schönen Akzent. Aber nein. Wie dem auch sei, die Setzlinge sind untergekommen: Schnittlauch, Petersilie, Basilikum, Salbei, Majoran und dann ein Stock Rosmarin, der nur schon zum Anschauen schön ist; und wenn ich denke, was so ein Glasfläschchen Rosmarin kostet und wie billig mein Strauch war! Und der Thymian, der blühte, als ich ihn umpflanzte. Wenn ich auf meinem Küchenbalkon in die Knie gehe und ganz tief atme und die Augen schließe, dann ist da für einen Moment ein Duft von Süden, sage ich Dir. Und da ich schon beim Einrichten war, habe ich auch noch eine ganz flache

Schale mit Wasser gefüllt, um ein Vogelbad zu haben. Aber die Vögel setzen sich nicht hinein, vielleicht muss ich eine Tafel aufhängen »Badeanstalt geöffnet«.

Und dann wollte ich eben auch Dill pflanzen. Aber das kann man nicht – jedenfalls nicht per Setzling, das heißt auf dem Weg des faulen Lieschens, das nicht selber sät, aber ernten will, indem es von andern Setzlingen erwirbt. Den Dill, den müsse man selber säen, und man müsse ihn sogar nachsäen, wenn man den Sommer durch immer frischen Dill haben wolle… Jedenfalls habe ich mir dann auf dem Markt frischen und geschnittenen Dill gekauft, und als ich den zu Hause auf dem Küchentisch hatte, musste ich doch etwas anfangen damit. So kam ich auf die Idee, zu diesem Dill etwas Passendes zu machen, und verfiel auf die geräucherten Forellenfilets, worauf alles seinen logischen Weg nahm, zu dem auch der Anruf an Dich gehörte.

Es war ein Experiment. Ich war nicht allein, und da an dem Tag eine gute Freundin bei mir war, habe ich sie vorher gefragt, ob sie in das Experiment einwillige – nur passiv, essenderweise. Sie tat es, und sie hat mir hinterher ein Büchlein über Kräuter und ein Briefchen mit Dillsamen geschenkt. Allerdings einen Teich habe ich nicht gekriegt, um Forellen zu züchten, und auch keinen Rauchfang.

Aber ich finde es als Methode nicht schlecht, ein misslungenes Experiment gewinnbringend anzulegen. Du lädst jemanden ein, erklärst ihm, was Du vorhast, und wenn es misslingt, führst Du aus, was Dir eben im Haushalt fehlt, wie zum Beispiel der oben erwähnte Einsatz – und dann besteht die Chance, dass der andere als Lückenbüßer auftritt und Deinen Haushalt vervollständigt. Bekanntlich kann man so etwas sonst nur machen, wenn man heiratet, dann kann man eine Liste aufstellen, wo jeder Interessierte sich das anstreicht, was er einem schenken will. Aber das ist zugegebenermaßen ein recht komplizierter Umweg, um zu einer Kücheneinrichtung zu kommen. Statt gleich zu heiraten, sind individuelle Einladungen besagter Art auch recht dienlich.

Sonst geht es mir gut, was ich auch von Dir hoffe.

Hugo

Die Sache mit dem Brot

5. Juli 1975

Lieber Hugo,

ich habe Deinen Bericht aus Küche und Kräutergarten mit Vergnügen gelesen und stelle mir gern vor, wie Du Thymian umtopfst, Dill hackst und dazwischen befriedigt bedenkst, dass ein schöner frischer Rosmarinstock billiger ist als ein Gläslein getrocknete Rosmarinnadeln.

Was die hässlichen Eternitkistlein betrifft, weiß ich Dir einen guten Rat: Bring sie im Herbst, wenn Deine Kräuter ausgeblüht haben, ins Brockenhaus und nimm Dir dafür schöne rote Blumentöpfe aus Ton, die dort in allen Größen herumstehen und fast nichts kosten.

Hast Du übrigens gelesen, was unsere gemeinsame Freundin Margret über »Die Sache mit dem Brot« geschrieben hat? Sorglos verfremdet sie ein Alltagsproblem zur Arabeske. Ein Alltagsproblem, für das ich seit Jahren nach vertretbaren kulinarischen Lösungen suche. Oder wie hast Du es mit dem altbackenen Brot? Fütterst Du damit die Möwen auf Deiner Küchenterrasse, oder wirfst Du es weg? Seine Weiterverarbeitung zu Suppendünkli, Fotzelschnitten oder Apfelrösti traue ich Dir, offen gestanden, nicht zu.

Ich habe meine Lösungen – Du wirst es schon erraten haben – in der italienischen Küche gefunden, die sich auch bei den Brotresten als eine Küche von armen Leuten bewährt, die das wenige, das sie haben, mit Phantasie und Fingerspitzengefühl zubereiten. Eine italienische Brotsuppe hat mit einer deutschen so wenig zu tun wie ein Espresso mit einer Tasse deutschem Bohnenkaffee.

Das liegt vor allem daran, dass in Italien die Brotresten nicht zu Mus verkocht werden, sondern nur ein paar Minuten in der siedenden Flüssigkeit liegen dürfen, damit sie eine gewisse angenehme Festigkeit bewahren. Dazu kommt, dass die italienischen Hausfrauen ihren »Pancotto« nicht mit monotonen Bouillonwürfelbrühen zubereiten, sondern mit Salzwasser, das mit ein wenig Olivenöl verfeinert und dann je nach der Gegend mit Lorbeer- oder Salbeiblättern, mit Majoran, Origano oder Minze gewürzt wird. Ein paar Knoblauchzehen werden meistens mitgekocht, und vor dem Essen bestreut man die Suppe mit frischgeriebenem Parmesan oder Pecorino.

Aber eigentlich wollte ich Dir nicht vom »Pancotto«, sondern von der »Panzanella« der toskanischen Bauern erzählen, die ich letzthin bei Freunden entdeckt habe. Sie ist an einem warmen Sommerabend eine köstliche Vorspeise, weil sie frisch, kühl und würzig schmeckt, den ersten Hunger aufs Angenehmste stillt und zugleich den Appetit auf den Hauptgang anregt. Ihr Hauptbestandteil – und das wird Dir niemand glauben, der von diesem feinen Gericht zum ersten Mal kostet – ist altbackenes Brot.

Ich will Dir das einfache Rezept beschreiben, und

Du wirst nie mehr Kummer mit Brotresten haben. Du schneidest von Deinen Brotresten die Rinde weg und legst sie in kaltes Wasser ein, bis sie so weich sind, dass Du sie mit einer Gabel zerdrücken kannst. Dann hackst Du eine große Zwiebel fein, schneidest eine Tomate und ein Stück Gurke in kleine Stücke und vermischst alles mit dem Brot. Jetzt brauchst Du nur noch eine Salatsauce mit viel Öl, wenig Essig, Salz, reichlich Pfeffer und gehacktem Basilikum anzumachen, unter das Brotgemisch zu ziehen und das Ganze vor dem Essen ungefähr eine Stunde in den Kühlschrank zu stellen.

Diese »Panzanella«, die im Grunde nichts anderes als eine schlichte Variante des spanischen Gazpacho ist, gilt in der ländlichen Toskana als vollständige Mahlzeit: sie enthält von den Vitaminen bis zum Öl alles, was der Mensch zum Leben braucht, und ihre Zutaten sind im Sommer in jedem Haushalt stets vorhanden.

Mit herzlichen Wünschen für Dich und Deine Kräuter

Alice

Pastete und Provokation

12. Juli 1975

Liebe Alice,

was machst Du mit meinen Briefen? Veröffentlichst Du die eigentlich? Jedenfalls erhalte ich auf meine Briefe an Dich von völlig unbekannten Leuten eine Antwort; das geht doch nicht mit rechten Dingen zu.

Nicht dass mich die Antworten besagter Unbekannter stören würden. Im Gegenteil. Ich erfahre nämlich recht viel. So habe ich per Telefon erfahren, dass man doch Dill-Setzlinge kaufen kann und dass es sehr einfach ist, Dill auf einem Terrassengarten zu säen.

Und dann habe ich per Brief erfahren, dass man gar nicht ins Brockenhaus muss, wie Du mir vorschlägst, sondern dass es mindestens in 5056 Attelwil eine Tonwarenfabrik gibt, wo man noch jene Kästchen und Töpfe kriegt, wie wir sie lieben.

So weit, so gut. Aber in dem eben erwähnten Brief stand auch die Aufforderung, ich solle Dich noch recht oft und recht lang provozieren, damit Du Rezepte freigibst. Siehst Du, was Du für einen Ruf hast? Freiwillig tust Du das anscheinend nicht. Aber an der Bemerkung hat mich doch etwas gestört –

von mir wollten sie gar keine Rezepte wissen, sondern ausschließlich von Dir. Das hat mich natürlich schon ein bisschen gewurmt. Und so war ich fest entschlossen, für diesmal ein ganz genaues Rezept zu bieten.

Die Gelegenheit dazu wäre nicht schlecht gewesen. Denn vor kurzem wurde der siebzigste Geburtstag eines Bekannten gefeiert. Nicht nur ich, sondern auch eine Reihe von andern verdanken ihm die gewissenhafte Betreuung ihrer journalistischen Anfänge, und so war es nur recht und billig, ihm auch mit entsprechendem Dank aufzuwarten. Das hat ein befreundetes Ehepaar des Jubilars aufs vorbildlichste getan – auch kulinarisch.

Da er aus Luzern stammt, wurde etwas echt Luzernisches aufgetragen. Als die Pastete präsentiert wurde, rief einer: »Dr Gugelhupf isch scho do.« Er war aus Basel. Nun, wenn man so nahe der Rheinebene wohnt, ist natürlich jede Erhöhung ein Gugelhopf. Aber auch ich war ein Neuling. Zwar stamme ich, dem Papier nach, auch aus Luzern, aber ich hatte bis anhin noch nie eine »Chügeli-Pastete« gegessen, die Luzerner Nationalspeise. Und ich muss sagen, mein Heimatkanton ist in meiner Achtung gestiegen.

Was war logischer, als dass ich mich bei dem befreundeten Ehepaar nicht nur für die Einladung bedankte, sondern auch durchblicken ließ, ich möchte gerne hinter das Geheimnis der Pastete kommen. Also telefonierte ich und legte einen Zettel bereit – aber meinst Du, ich würde den Zettel noch finden. Dabei handelt es sich um ein Originalrezept. Um die echte Chügeli-Pastete, die dann zubereitet wird, wenn am Berchtoldstag der Fritschi-Vater gewählt ist – jedenfalls habe ich mindestens so viel über die Begleitumstände und die Luzerner Fasnacht erfahren wie über die Zubereitung der Pastete selbst. Und das Drum und Dran hat mich natürlich wieder mehr interessiert als die genauen Angaben. Nur etwas weiß ich noch: Ein bisschen Curry gehört schon hinein. Wie der Curry nach Luzern kam, weiß ich allerdings nicht. Aber es war ja immer eine Fremdenstadt, und warum sollte nicht auch eines Tages der Curry an den Lake Lucerne gekommen sein.

Die Tatsache, Dir kein genaues Rezept bieten zu können, würde mich sehr betrüben, wenn nicht etwas anderes passiert wäre. Ich habe nämlich gehört, dass Du bei einer gemeinsamen Bekannten zum Essen warst und dort einen vorzüglichen Pâté vorgesetzt erhalten hast. Einen Pâté, den ich auch kenne und den ich wie Du schätze. Du hattest die Absicht, Dir das Rezept geben zu lassen. Es geht mir gleich. Seit ich mit Dir korrespondiere, esse ich nicht nur, sondern treibe bei Tisch ständig Bewusstseinserweiterung. Aber eben – dann habe ich gehört, dass Du vergessen hast, Dir das Rezept geben zu lassen. Ich aber, ich hingegen habe inzwischen das Rezept, und diesmal ganz genau.

Wenn Du mich provozierst, bin ich gerne bereit, Dir das Rezept weiterzugeben.

In Erwartung Deiner Provokation *Hugo*

Von Männchen und Weibchen

19. Juli 1975

Lieber Hugo,

ich fühle mich unverstanden, kulinarisch unverstanden, überschätzt und gleichzeitig unterschätzt. Wie kannst Du nur annehmen, dass ich vergessen hätte, unsere gemeinsame Freundin Anne nach dem Rezept des Pâté zu fragen? Wenn ich ein Rezept haben möchte, dann lasse ich mich von der interessantesten Diskussion nicht von meinem Ziel ablenken. Aber so köstlich der Pâté schmeckte, sein Rezept brauche ich nicht. Weil ich keine Lust habe, Pâtés oder Vol-au-vents, Kalbfleischgalantinen, Wildterrinen, Fisch-Mousses, Fasanensalmi und andere Delikatessen herzustellen. Auch keine Chügeli-

Pastete. Das solltest Du eigentlich wissen; oder habe ich Dir je ein schwieriges Rezept verraten oder eine komplizierte Speise vorgesetzt? Hast Du das einfach für Understatement gehalten?

Weißt Du, ich finde, es gibt so viele wunderbare einfache Rezepte auf der Welt, dass ich gar nicht dazu komme, in meinem Leben alle auszuprobieren. Darum überlasse ich die komplizierten und zeitraubenden Gerichte denjenigen, die genug Geduld haben, in mehrstündiger Arbeit die feine Mischung aus gehacktem Schweinefleisch, Kalbfleisch, Geflügelleber, Kalbsnieren- und Schweinefett, Zunge, Schinken, Butter, Eiern, Schalotten, Madeira, Gewürzen und was weiß ich noch allem herzustellen, die dann im Wasserbad zum Pâté – oder sollte man eigentlich nicht Terrine sagen? – verschmilzt. Wenn diese geduldigen Köche zugleich Freunde sind, dann habe ich einen Grund mehr, bei meinen einfachen Rezepten zu bleiben. Ich möchte Dich also herzlich ermuntern, den Pâté auszuprobieren.

Übrigens: Ich frage gar nicht so häufig nach Rezepten, auch nicht bei einfachen Speisen. Ich frage nur, wenn ich fast sicher bin, dass mir dieses Gericht gelingen wird. Das ist eine Frage des Kochstils, der gerade bei ausgezeichneten Köchen und Köchinnen oft unnachahmbar ist.

Und wenn ich es mir recht überlege, so habe ich

viele gute Rezepte nicht beim Essen, sondern in den Läden erfahren, wo ich einkaufe. Du kannst nicht fehlgehen: Frauen, die Gemüse, Früchte, Wein, Käse, Schinken und Wurstwaren verkaufen, können gut kochen und geben Dir gern Ratschläge. Fürs Einkaufen und fürs Zubereiten. Ihnen verdanke ich den wichtigsten Teil meiner kulinarischen Bildung. Von ihnen weiß ich, wie man Tomaten auswählt und Melonen auf ihre Reife prüft und auch wie man den Parmesan frisch hält. Und als ich letzthin Fenchel kaufte, sagte Frau M. kopfschüttelnd, sie hätte nicht gedacht, dass ich den Unterschied zwischen Männchen und Weibchen nicht kenne. Ich hab sie groß angeschaut, und sie hat mir erklärt, dass der flache, längliche Fenchel, den ich in der Hand hielt, ein Weibchen sei, das kein Kenner kaufen würde, und mir dann eine kurze, dicke und kräftig gewölbte Fenchelknolle in den Korb gelegt. Das sei ein Männchen und schmecke viel besser. Du siehst, wie weit die Diskriminierung der Frauen geht.

Von diesen freundlichen Lehrmeisterinnen bekommt man hie und da auch Rezepte, keine genauen Kochanleitungen, sondern rasch hingeworfene Skizzen, die man dann selber ausführen muss. Eine meiner liebsten Sommervorspeisen ist aus einer solchen Skizze von Frau M. entstanden. Es ist das beste und einfachste Peperonirezept, das ich kenne. Du schneidest ein paar Peperoni in Streifen, vermischst sie mit Salz und Pfeffer, einer Handvoll Kapern und in Streifen geschnittenen schwarzen Oliven. Dann legst Du sie in eine eingeölte feuerfeste Platte, bestreust sie mit etwas Paniermehl und gießt reichlich gutes Olivenöl darüber. Das ist alles. Jetzt kannst Du die Platte in den mittelheißen Ofen schieben und nach 45 Minuten herausnehmen. Zwischenhinein schaust Du einmal nach und begießt die Peperoni mit dem Öl-Saft-Gemisch, das sich am Boden der Platte sammelt. Diese Peperoni schmecken lauwarm oder kalt am besten.

Buon appetito *Alice*

Bain-Marie für eine Intellektuelle

26. Juli 1975

Liebe Alice,

führen wir eigentlich einen pluralistischen Briefwechsel? Darf ich auch von Rezepten reden, wenn Dir diese nicht willkommen sind? Du siehst, es geht um grundsätzliche Dinge.

Da möchte ich mich von Dir provozieren lassen, damit ich ein Rezept verrate. Und was machst Du? Du erklärst Dich missverstanden, unter- und überschätzt. Du teilst mir mit, dass Dich ein solches Rezept überhaupt nicht interessiert. Das macht mir natürlich schon zu schaffen.

Aber Du bist ja nicht nur Köchin, sondern als Übersetzerin und Literaturkritikerin doch auch eine intellektuelle Frau, und gehört es nicht zum Wesen des Intellektuellen, sich gerade für das zu interessieren, worum er sich in der Praxis keinen Deut kümmert?

Aber gut, wenn Du nicht willst, dann schreibe ich eben diesen Brief an jemand anders – sagen wir, an den Mann im Mond. Würdest Du den Brief bei Nichtgefallen an diesen denkbaren Adressaten weiterleiten?

Denn ich kenne das Rezept nicht nur, sondern ich war dabei, wie besagter Pâté, das heißt besagte Terrine, gemacht wurde. Und wes das Herz voll ist, des gehet der Mund über. Das gilt auch auf kulinarischer Ebene: Wes der Magen voll ist – nein, ich sehe, das Bild ist ein bisschen gewagt.

Du machst Dich zur Verteidigerin des einfachen Rezeptes. Wenn Du wüsstest, wie einfach dieses Rezept ist. Es ist geradezu eine Aschenbrödel-Terrine, wenn Du willst.

Zugegeben, die Umwege können etwas kompliziert sein. Man braucht nämlich Schweineschmalz. Nicht jenes Schmalz oder jenes Fett, das man in den

Läden oder auch beim Metzger kaufen kann. Das eignet sich gerade fürs Kochen oder Braten. Nein, es muss schon richtiges Schweineschmalz sein, mit so richtig Grieben drin, was man auch aufs Brot streichen könnte. Und das ist nicht leicht zu beschaffen. Am ehesten noch, wenn ein Bauer gerade schlachtet. Du hast sicher verstanden: Um sicherzugehen, ziehst Du eine Sau auf, und beim Schlachten machst Du dann jenes Fett, das für die Terrine notwendig ist.

Und dann brauchst Du auch noch Gänsefett. Das ist, glaube ich, schon leichter zu kriegen. Zudem gibt es so einfache Rezepte, um eine Gans in Deinem schlichten Sinne zu braten, dass Du bei diesem Bratprozess ohne Zweifel auch zum unerlässlichen Gänseschmalz kommst.

Und dann sollte man noch etwas vom Huhn haben: Wenn Du ein Huhn im Römertopf brätst, dann bleibt doch am Boden immer ein gewisser Rest zurück. Der eignet sich bestens für die Terrine.

Aber abgesehen von der Sau und dem Gänsebraten und dem Hühneressen ist dann die Zubereitung der Terrine ganz einfach:

Das heißt, man braucht einen Wolf. Aber als Vertreterin der zeitgenössischen Intelligenzija besitzest Du ohne Zweifel einen Wolf, durch den man alles drehen kann, nur dass Du ihn für diesmal nicht am Schreibtisch, sondern am Küchentisch befestigen musst.

Aber jetzt kommen wir zum »man nehme«. Man nehme zum Beispiel Reste. Reste von Siedfleisch. Und dann ein bisschen Schweinefleisch. Und dann Leber: vom Hasen und von den Hühnern und von den Gänsen. Diese Leber ist ja keineswegs teuer – apropos billig: Es braucht auch noch etwas Bouillon. Da kannst Du die Knochen des Huhnes, das Du im Römertopf gebraten hast, auskochen. Ich würde sagen: Knochen im Wert von etwa 95 Rappen.

Aber jetzt können wir beginnen. Wir tun – sofern Du nicht mitmachen willst, sind mit »wir« immer der Mann im Mond und ich gemeint –, wir tun also Speckwürfel in die Pfanne und braten sie, wir lassen sie fast aus. Dann tun wir Zwiebeln und Knoblauch hinein, braten darin das Fleisch und drehen das Ganze einmal durch den Wolf. Dann braten wir die verschiedenen Lebern und tun auch die in den Wolf. An Kräutern sind Basilikum und Estragon zu empfehlen. Dann lässt Du die verschiedenen Schmalze, oder wie immer der Plural von Schmalz heißen mag, ebenfalls durch den Wolf; zum Schluss ein bisschen Cognac und ganz wenig Curry. Und was Du jetzt hast, das tut man dann in ein Bain-Marie. Und darin lässt man es etwa so lange, wie Du für die Übersetzung von fünf mittelschweren Seiten modernistischer italienischer Prosa brauchst. Dann nimmst Du das Ganze heraus. Essen kannst Du es nicht, es muss abkühlen – aber dann, dann ist die Terrine ganz vorzüglich, und wir tun uns gütlich daran, das heißt der Mann im Mond und ich.

Ich verstehe nicht, weshalb Du etwas gegen das Bain-Marie hast. Es ist doch eine der wenigen direkten Erinnerungen der Küche an die Alchimie – es war die Alchimistin Maria Judaica, welche das *Balneum Mariae* erfand. Man konnte darin chemische Substanzen bis zu 100 Grad Celsius erhitzen. Schon aus alchimistischen Gründen muss man etwas fürs Bain-Marie haben, denn ganz ohne Hexerei geht das Kochen doch nicht – oder?

Hugo

Lob des Hühnereis

2. August 1975

Lieber Hugo,

weil ich so lange nichts mehr von Dir gehört habe – ich bin auf einer Reise in den Dolomiten –, möchte ich an unser letztes Gespräch anknüpfen, in dem Du eben zum Lob des Hühnereis angesetzt hattest, als Herr Peterhans zu uns stieß und uns in eine lehrreiche Diskussion über Pilze im Allgemeinen und Schopftintlinge im Besonderen verwickelte.

Du sagtest, das Ei sei das ideale Nahrungsmittel für Junggesellen, und ich hätte Dir darauf gern erzählt, wie ich mir in Rom einmal mit zehn Eiern und drei Zwiebeln kulinarischen Respekt erworben habe. Und zwar nach einer exzentrischen und üppigen Mahlzeit, deren Organisator der Schriftsteller Giorgio Manganelli war, dessen Stil ebenso barock ist wie seine Essgewohnheiten.

Das Mahl, das bei einer Bekannten Manganellis stattfand, begann mit einer reichen und farbigen Auswahl süditalienischer Antipasti: in Öl eingemachte und mit Origano gewürzte süße Tomätchen aus Apulien, wilde grüne Spargel, schwarze Oliven von Gaeta, sauersüß geschmorte Lampascioni, das sind wildwachsende Zwiebelchen, und allerhand leuchtend rote, mit Paprika und Knoblauch gewürzte pikante Wurstsorten. Es folgte ein »Risotto nero«, vom Saft der Tintenfische schwarzgefärbter Reis, der auf den ersten Blick makaber aussieht, aber wunderbar nach Meer schmeckt; darauf eine reich gefüllte und knusprig gebratene Ente, und den krönenden Abschluss bildete ein wahrhaft extravagantes »Gelato di formaggio«, ein Käse-Eis, das die Gastgeberin nach des Dichters Anweisung aus je einem Drittel Gorgonzola, Roquefort und Schlagsahne gemixt und eingefroren hatte. Zu jedem Gang gab es einen andern Wein; zum Käse-Eis einen kostbaren alten Porto.

Nach dem Kaffee hatte man die Wahl zwischen mannigfaltigen »Amari« – große Esser sind in Italien meist auch Liebhaber dieser sanft alkoholischen Kräutergemische, die den Magen zu beruhigen haben –, zwischen Fruchtsäften und Whisky. Ich entschied mich für den Letzteren; ich glaube, es war ein schottischer Whisky mit Malz, falls es das gibt, oder sonst etwas Raffiniertes. Er schmeckte auf jeden Fall gut und machte mich unternehmungslustig, denn als der hungrige Manganelli gegen zwei Uhr morgens sagte, das einzig Richtige wäre jetzt eine »Frittata di cipolla«, eine Zwiebelomelette, da anerbot ich mich, dieses einzig Richtige herzustellen. Meine Initiative stieß auf heitere Skepsis: Man traute mir keine Kochkenntnisse zu.

Ich ging in die Küche, schnitt die drei Zwiebeln, die ich dort fand, in dünne Ringe und dünstete in zwei Bratpfannen je die Hälfte der Zwiebeln in Olivenöl goldgelb. Dabei zerdrückte ich sie kräftig mit einer Gabel. Dieser kleine Kunstgriff hat große Wirkungen: Der Zwiebelsaft durchdringt das Öl intensiv, verliert dabei seine Schärfe, und die Zwiebelringe werden zudem viel rascher weich. Dann zerklopfte ich zehn Eier mit einem Glas Wasser in einer Schüssel, gab Salz und Pfeffer bei, und jetzt kommt die zweite Feinheit: Ich ließ im heißen Öl ein schönes Stück frische Butter zergehen, bevor ich die Eiermasse in die beiden Bratpfannen zu den Zwiebelringen goss. Der Rest braucht eigentlich nur noch Geduld: Man brät die Omelette auf kleinem Feuer, indem man die Pfanne so bewegt, dass die flüssige Eiermasse am Rand immer wieder auf den heißen Boden rinnen und fest werden kann. Wenn die Omelette unten goldbraun und oben zart, gelb und flockig ist, lässt man sie auf eine Platte gleiten und schlägt eine Hälfte über die andere.

Die Omeletten schmeckten gut – die schlichte Strenge des Dreiklangs aus Ei, Zwiebeln und Butter (der Geschmack des Öls ist kaum mehr wahrnehmbar) bildete einen wirksamen Gegensatz zum reichen Menü des Abends – und alle bedauerten, dass es in der Küche nur noch zwei Eier und keine Zwiebel mehr gab.

Und ich glaube, auch Du wirst meine Frittata gern ausprobieren, wenn Du den Pâté einmal genug geübt hast.

Sehr herzlich *Alice*

Delikatessen im Exil

3. August 1975

Liebe Alice,

wie gut wir uns verstehen. Was dieser schöne Sommer doch alles bewirkt. Du empfiehlst mir Omeletten mit Zwiebeln. Wenn Du wüsstest, dass dies eine meiner Lieblingsomeletten ist; so einig waren wir uns schon lange nicht mehr.

Aber sonst habe ich nicht viel zu berichten. Du hast Dich in die Dolomiten zurückgezogen, und ich bin hiergeblieben. Wenn Du wüsstest, wie schön Zürich ist, wenn Ferienzeit herrscht. In dem Maße, wie die Mitbürger wegfahren, erhält die Stadt ungeahnte Reize – es gibt leere Stunden, in denen die Stadt sich selber überlassen ist und sich einem Schlenderer wie mir völlig neu darbietet. Es gibt dann aber auch die Stunden, wo sich in meiner Altstadtgasse so viele Fremde aufhalten, dass ich mir als letzter Ureinwohner vorkomme; ich habe mir schon überlegt, wie viel ich pro Foto verlangen soll, wenn diese Fremden fortfahren, mich als typischen Einheimischen zu fotografieren.

Sosehr ich also daheimgeblieben bin, ich reise dennoch viel mit – nämlich per Ratschlag. Es ist jetzt die Zeit, da die Leute noch per Telefon wissen wollen: »Könnten Sie mir nicht ein Hotel oder doch ein Restaurant empfehlen?« Und das ist doch immer so eine Sache. Da rief jemand an und wollte wissen, was ich ihm in New York an Restaurants empfehle: keine falsche Frage, wenn man bedenkt, dass es dort 11 000 Restaurants gibt, 8000 Cafeterias und 5000 Drugstores.

Aber eine richtige Empfehlung konnte ich nicht geben. Es sei denn, man fasse Folgendes als Ratschlag auf:

Ich für meinen Teil suche in New York gleich die »Delikatessen« auf, nicht wegen der Delikatessen, wie man meinen könnte, so weit ist es mit diesen jeweils gar nicht her. Aber ich gehe aus dem gleichen Grund hinein, wie ich den *Aufbau* kaufe, die jüdische Zeitung deutscher Sprache von New York. Darin lese ich in erster Linie die Inserate, welche Restaurants und Geschäfte mit deutschen Spezialitäten empfehlen. Und da finde ich dann deutsche Spezialitäten, wie ich ihnen in Deutschland noch nie begegnet bin – besonders was Gebäck und Brotarten betrifft.

Solche Spezialitäten haben es mir aus mehr als nur kulinarischen Gründen angetan. Denn die Inhaber dieser Geschäfte sind gewöhnlich Juden, fast alles deutsche Emigranten. Sie haben in der Emigration etwas gemacht, was ich als die höchste Rache an dem

Land betrachte, das einen verjagt hat: Sie, die aus Deutschland vertrieben wurden, haben sich der deutschen Spezialitäten angenommen.

Wenn ich einmal in die Emigration müsste – man weiß als Intellektueller ja nie –, werde ich mich genau gleich verhalten. Ich werde sofort ein Geschäft mit schweizerischen Spezialitäten auftun. Ich habe mir schon oft überlegt, was ich in meinem »Chalet« dann servieren werde. Aber es gibt überhaupt keinen Zweifel. Ich würde das Café complet weltberühmt machen.

Jenes Frühstück, bei dem der Krug für die Milch genau gleich groß ist wie der für den Kaffee. Ich würde richtige Butter präsentieren. Nicht in jenen zugeschweißten Schächtelchen, für die man zunächst einmal die Fingernägel einsetzen muss. Sondern ein schönes, großes Stück »Anken« käme auf den Tisch, und das modellierte Edelweiß wäre eine schöne Erinnerung an jene Alpen, auf die ich nie freiwillig klettern werde. »The anken« oder »el áncen« würde ein internationaler Begriff. Und auch die Konfitüre würde ich nicht in jenen läppischen Döschen servieren, die man aufreißen muss. Nein, sie würde in richtigen Konfitürengläsern aufgetischt, die Gläser mit einer Etikette versehen, auf der handgeschrieben steht, was drin ist – für solche Etiketten bräuchte ich vielleicht die Hilfe eines Graphikers, damit sich die Handschrift echt ausnimmt – sofern überhaupt ein Graphiker je in die Emigration muss.

Es ist klar, ein solches Café complet wäre sehr teuer. Ich möchte es berühmt machen, weil ich stets eine gewisse Anhänglichkeit dafür bewahrt habe. Ich kann monatelang unterwegs sein, ich vermisse kaum etwas Einheimisches außer eben dem Café complet. Und wenn ich zurückkehre, dann ist es das Café complet, an dem ich mich am meisten freue. Sollte es Dir gleich ergehen, bist Du herzlich willkommen, nach Deiner Rückkehr ein großes Café complet bei mir vorzufinden.

Alles Gute *Hugo*

Triestiner Kutteln

16. August 1975

Lieber Hugo,

ich schreibe Dir aus Triest, unserer letzten Reisestation. Warum wir schon drei Tage hier sind, obwohl wir nur übernachten wollten, weiß ich nicht recht; denn eigentlich spricht fast alles gegen einen Aufenthalt in dieser merkwürdigen Grenz- und Hafenstadt; das schwüle und heiße Wetter, das Meer, das im ganzen Golf so sichtbar schmutzig ist, dass man die Lust zum Baden verliert, und unser Hotel, das alt und gemütlich, aber leider mitten im Umbau ist. Heute Morgen um neun Uhr hat mich der Lärm von Mörtel und Backsteinen geweckt, die neben meinem Bett auf den Boden prasselten. Sie kamen aus einem Loch in der Decke, durch das – wie ich später erfahren habe – neue Wasser- und Stromleitungen gezogen werden. Und Rilkes Spazierweg auf den Felsen von Duino ist in einem Camping untergegangen.

Dass es uns hier trotz allem so gut gefällt, liegt unter anderem daran, dass wir gleich am ersten Tag eine Art Stammbeiz gefunden haben, in der man an langen, sauberen Holztischen ausgezeichneten Wein trinkt und mit den andern Gästen ins Gespräch kommt. Sie heißt »Al Re di Coppe« und liegt an der Via Geppa in der Nähe des Bahnhofs. Zuerst hielten wir sie für eine spanische Weinstube, weil man hier Sherry und Porto in Dezigläsern serviert und der Rohschinken nach spanischer Art ziemlich dick aufgeschnitten wird. Als unsere Nachbarn aber gegen elf Uhr abends Kutteln und Gulasch bestellten, wurde uns klar, dass es sich um ein Lokal mit Triestiner Tradition handelt; denn die österreichische Vergangenheit dieser Stadt wird im kulinarischen Angebot ihrer Restaurants besonders augenfällig. In keiner andern Stadt Italiens gibt es so viele »Birrerie« und sogenannte »Buffets«, in denen Sauerkraut, Würstchen und Siedfleisch verkauft werden; Gulasch und Kutteln fehlen auf keiner Speisekarte, und zu den beliebtesten Desserts gehört der Strudel.

Der Wirt des »Re di Coppe« ist allerdings weder Spanier noch Triestiner: Er heißt Marioq Vellic und stammt aus Istrien. Seine Schwester Carmela besorgt die Küche und wollte mir das Rezept ihrer zarten, leichten und schmackhaften Kutteln erst gar nicht verraten, weil sie fand, das sei viel zu einfach, gar kein Rezept, sondern einfach gekochte Kutteln. Sie hat sich aber dann doch dazu bewegen lassen, und weil ich weiß, dass Du Kutteln gern hast, will ich Dir jetzt erzählen, wie Carmela sie zubereitet.

Außer Salz, Pfeffer, Knoblauch und Zwiebeln verwendet sie keine Zutaten oder Gewürze; das Wichtigste ist für sie die richtige Mischung von Olivenöl, Speck (weißen Speck, wie ihn die Metzger bei uns zum Spicken eines Bratens brauchen) und ein paar Stücken vom fetten Teil eines Rohschinkens. Wenn diese köstliche Fettmischung heiß ist, dünstet man in ihr die feingeschnittenen Zwiebeln goldgelb, gibt ein paar Knoblauchzehen dazu und dann die Kutteln, die man so lange röstet, bis sie alle ihre Flüssigkeit abgegeben haben und leicht angebraten sind. Das dauert mindestens zehn Minuten und ist für das Gelingen des Gerichts entscheidend. Dann gießt man heißes Wasser zu, bis die Kutteln davon bedeckt sind, würzt mit Salz und Pfeffer und lässt zugedeckt auf kleinem Feuer 1½ bis 2 Stunden kochen. Das ist alles. Mir gefällt dieses Rezept so gut, weil es die Kutteln als Delikatesse respektiert, und ich werde es, sobald ich wieder in Zürich bin, ausprobieren. Falls Du mir aber zuvorkommst, wünsche ich Dir guten Appetit

Alice

PS. Du hast sicher, wie ich und viele andere Kuttelliebhaber, die melancholische Feststellung gemacht, dass in Zürich in den letzten Jahren eine Kuttlerei um die andere aus dem Stadtbild verschwunden ist und dass die Kutteln, die man beim Metzger kauft, nicht immer so frisch sind, wie sie sein sollten. Auf dem Weg ins Letzigrabenbad habe ich aber vor einiger Zeit eine Kuttlerei entdeckt, vielleicht die letzte Zürichs. Ich werde Dir die genaue Adresse mündlich sagen.

Eine Zwischenbemerkung

Liebe Alice, lieber Hugo,

aus meinen Ferien in Essen im Ruhrgebiet zurück in unserm lieben Zürich, wo ahnungslose Touristen Altstadt-Intellektuelle fotografieren und nicht wissen, *wen* sie vor den Linsen haben, habe ich mich trotz sommerlicher Hitze sogleich hinter die Beige von NZZ-Wochenendausgaben gemacht, um Eure kulinarisch-literarischen Rosinen herauszupicken, die mir in der – ja wie langen eigentlich schon – Zeit ihres Erscheinens fast unentbehrlich geworden sind. Ja, ich könnte doch meine Forellen nicht mehr genießen, wenn ich sie in einem Sud mit Lauch aus den Schrebergärten vom Friesenberg statt aus denen auf der Waid gebläut hätte. Zum Beispiel. Wie Ihr beide das nur macht! Was gibt's Schmackhafteres und zeilenmäßig Ergiebigeres als Belesenheit, Verfressenheit, ich meine Zunge, und Weitgereistheit miteinander zu verbinden und in einen nicht enden könnenden Fluss einst unterhaltsamer Briefe zu betten. Delikatessen! Habt Dank für Eure Bemühungen um Unterhaltung.

Darf ich, selbstredend ohne alle Ambitionen, meinerseits von einem Gericht berichten, das Euch auf dem Weg zur schweizervolkstümlichen Küche, den

Du, lieber Hugo, mit dem »café complet à l'áncen« angetreten hast, weiterbringen könnte?

Jetzt, wo die Zürcherinnen ihre ferienbraunen Rücken durch die Straßen tragen und das Dach der Seilerei Denzler hinter unserer Küche frisch geteert riecht, jetzt ist die gebrannte Crème (»Prännti Gräām«) nicht nur literarisch eine muntere Anspielung à la lettre auf besagte Tatsachen, sondern auch überaus erfrischend, wenn sie so bereitet wird, wie meine Mutter, die heute im Sottoceneri wohnt, es tut. Ihre Art ist die Rupperswiler Art, denn meine Großmutter kam von dort, und sie hatte auch die familienalte Rupperswiler Glasschale nach Zürich gebracht, im Hochzeitsgut, wie auch den Löffel von Holz aus dem Rohrerwald, die zusammen allein den samtenen Geschmack der Crème erwirken können. Der Zucker allerdings darf auch aus Kuba sein; keinesfalls die Eier, die es bauernreichlich dazu braucht; am besten wären chinesische wegen ihres Gelbs. Die Rupperswiler gebrannte Crème also – ich wüsste kein sömmerlicheres Dessert zu nennen zwischen den Dolomiten und Zürich und keine bessere Art, sie zu kochen, als die meiner Mutter. Zwar, muss ich gestehen, habe ich bei meiner letzten Reise durch Tierra del Fuego – das ist auch schon wieder zwei Jahre her – in Ushuaia (Ihr wisst, die Hauptstadt Feuerlands) bei »Emma« (wahrscheinlich eine emigrierte Intellektuelle) eine gebrannte Crème gekostet, die der meiner Mutter kaum nachstand. Sowohl in ihrem Braunton, wie ihn nur die Haselnussstauden im Rohrerwald haben, als auch in ihrer Rupperswiler Zuckersüße. Wie ich aber durch Nachfragen und Nachschmecken in Emmas Küchenreich erfahren durfte, hat der Unterschied, den ich sogleich mit der Zunge ertastet hatte, darin bestanden, dass die Prise Zimt (Seychellen) von der Spitze eines Silbermessers und nicht vom Holzgriff eines Küchenmessers der werdenden Crème beigegeben wurde. Emma, sagte sie, kommt eben aus Aarberg. Voilà.

Meine lieben (ich habe mir, sozusagen unter Gourmets, auch meinerseits das Du erlaubt – ich heiße Kaspar) Briefgourmets: Wenn in diesen Sommertagen Eure feinen Gaumen hinter Euren beredten Lippen nach Erfrischung gelüstet, dann lenkt Eure Schritte von der Stätte Eures anhaltenden literarischen Fleißes bergwärts; ich werde nichts unterlassen, Euch die beste gebrannte Crème zwischen NZZ und Hoher Promenade aufzutischen, samt obligater Silberzwiebel.

Alles ein Guete *Euer Kaspar*

Türkisches in Feuerland

23. August 1975

Liebe Alice,

die letzte Post hat mich für einen Moment ins Schwanken gebracht. Gleich zwei Vorschläge fand ich vor: das Rezept für Kutteln auf Triestiner Art und dann jenes für »Prännti Grääm« von unserem Brief-Gourmet Kaspar.

Rein kulinarisch haben mich zwar Deine Kutteln mehr interessiert als Kaspars »Prännti Grääm«, aber diese hat anderseits doch die größere Neugierde geweckt, obwohl ich recht skeptisch bin. Du wirst gleich sehen, warum.

Schreibt doch Kaspar, er sei vor zwei Jahren in Feuerland gewesen und habe dort bei Emma gegessen. Nun will der Zufall, dass auch ich vor zwei Jahren in Feuerland war und ebenfalls bei Emma einkehrte, bei besagter.

Kaspar schreibt, dass sie aus Aarberg stamme, aber das trifft nicht zu, und zwar im tiefsten Sinne nicht. Woher sie stammt, weiß ich auch nicht, aber das ist ganz unwichtig. Emma stammt nämlich immer von dort, woher ihre Gäste kommen, und sie muss unserem Kaspar einfach angesehen haben, dass er aus der Schweiz stammt, wobei ich natürlich nicht weiß, wo er das Schweizer Fähnchen trug, ob am Rucksack oder auf der Stirn.

Als ich dort einkehrte, stammte Emma gerade aus Anatolien, da am Nebentisch ein Türke die Bestellung aufgab. Aber sie hätte ebenso gut aus Apulien oder Pommern stammen können, das ist der Vorteil, wenn man eine Mestizin ist, die eine Reihe von Vätern hatte.

Emma, die natürlich nicht immer Emma heißt, ist nämlich eine vorzügliche Gastwirtin. Sie weiß, dass nur eine ausgeglichene Seele auch das Essen genießen kann, und wenn Leute unterwegs sind, bringt sie eben nichts so sehr ins Gleichgewicht wie eine greifbare Erinnerung an die Heimat – so wurde Emma für unseren Kaspar eben eine Emma, die aus Aarberg stammt. Das Wort Aarberg hat sie von einem Heizungsmonteur, der längere Zeit in Feuerland arbeitete.

Das heißt nun nicht, dass sie es bei diesem seelischen Einschwingen bleiben ließe, oh nein. Man kann bei ihr tatsächlich recht gut essen. Ich zum Beispiel lernte etwas Türkisches kennen, eben weil am Nebentisch ein Türke die Bestellung aufgab. An sich wollte er eine Speise, »die den Propheten hinhaut«, also ein einfaches »Imam Bayld«. Aber Emma riet ihm zu etwas anderem, und das war nun auch nicht schlecht. Sie bereitete ein »Saladsi patlican«, und wie das schmeckt, kannst Du aus dem zweiten Wort ablesen: »Patlamak« heißt so viel wie »platzen« oder »viel fressen«, und »can« ist so viel wie Seele, aber eben nicht nur, sondern auch Stärke und gar Manneskraft.

Diesen »Saladsi patlican« aber kannst Du auch bei Dir zu Hause aufs einfachste selber herstellen. Es handelt sich um eine Auberginenspeise: Man wärmt die Auberginen, am besten auf dem Feuer – deshalb ist Feuerland für dieses Gericht geradezu prädestiniert. Man wärmt sie so lange, bis sie fast platzen, dann schält man das Fruchtfleisch heraus, mischt es mit Olivenöl, Knoblauch, feingehackten Zwiebeln und würzt es. Es ergibt ein Mus, das sich als Brotaufstrich und somit auch als Vorspeise vorzüglich eignet.

Du verstehst jetzt wohl, weswegen ich Kaspars Rezept gegenüber etwas Zurückhaltung übe. Denn wenn er bei Emma so ungenau ist, zweifle ich, ob er es so genau mit den Messerspitzen Pfeffer nimmt. Falls Du einmal nach Feuerland gehst, kenne ich ein Lokal, »El viento«, das mindestens so gut ist wie dasjenige von Emma, wenn nicht noch viel besser. Es liegt ganz in der Nähe, nur drei Baracken weiter, Richtung Südpol.

Mit freundlichen Grüßen *Hugo*

Rosmarin-Proleten

30. August 1975

Lieber Hugo,

darf ich Dir zur Abwechslung einmal ein Kompliment machen? Ich habe mich sehr gefreut, wie elegant Du in Deinem letzten Brief den vorlauten Kaspar entlarvt hast.

Zu Deinem türkischen Auberginenrezept will ich mich nicht äußern. Schon weil ich dieses Jahr für Auberginen einfach keine Zeit habe; denn in meinem Hönggger Gemüsegarten ist die Zucchetti-Ernte überwältigend. Vor allem im Vergleich zu dem, was missraten ist. Die Tomaten und die Gurken sind von Pilzen befallen, den Wirz und viel Salat haben die Schnecken gefressen, den Radieschen war die Erde zu trocken, und die Petersilie ist überhaupt nie recht aus dem Boden gekommen. Zum Glück habe ich Bohnen und vor allem Zucchetti, die mit ihren großen, kräftigen Blättern und ihren schönen gelben Blüten meinen mangelhaften Komposthaufen bedecken und so unerschütterlich Zucchetti produzieren, dass ich darüber mein Missgeschick vergesse.

Über ihre Zubereitung haben wir letzte Woche im »Pfauen« gestritten. Ich hatte Stefan Zucchetti mitgebracht, und er fragte, wie man sie koche. Bruno skizzierte ihm das Grundrezept – im Öl anbraten und dann im eigenen Saft weichdünsten – und deutete Varianten mit Zwiebeln, Knoblauch, Basilikum, Petersilie und Tomaten an. Stefan als eigenwilliger und phantasievoller Kochanfänger sagte, er werde auf jeden Fall auch Rosmarin dazu nehmen. Bruno und ich protestierten und versuchten ihm zu erklären, dass Rosmarin auf keinen Fall zu einem so zarten Gemüse passt. Stefan dagegen fand, wir sollten etwas toleranter sein; ein paar Rosmarinnadeln würden den Zucchetti bestimmt nicht schaden. Ich bin aber der Meinung, dass die Toleranz auch in der Küche ihre Grenzen hat, vor allem, wenn es um den Missbrauch des Rosmarins geht, den man nördlich der Alpen – wahrscheinlich wegen seines starken Aromas – für das mediterrane Gewürz par excellence hält und recht wahllos in Suppen, Saucen, Gemüse und Fleischgerichte streut. Und ich habe meinen Freunden erzählt, dass ich in den Ferien in Venedig an einem Strand vorbeikam, wo man den Schweizer Touristen Cervelats mit Rosmarin vom Grill verkaufte. Darauf rief Stefan empört, er habe genug von meiner Kochdiktatur und lasse sich von mir nicht zum Rosmarin-Proleten abstempeln. Wir sind dann bald alle aufgebrochen, und ich weiß heute noch nicht, womit er seine Zucchetti gewürzt hat.

Was machst Du eigentlich mit Deinem Rosmarin?

Mit herzlichen Grüßen *Alice*

PS. Du kannst von mir jederzeit Zucchetti haben, und ich will Dir auch sagen, wie ich sie in letzter Zeit zubereite. Das Rezept habe ich von Frau Bacchini in Roveredo; es eignet sich besonders gut für die großen, viel Flüssigkeit enthaltenden Zucchetti, wie man sie bei uns in den Gärten und auf dem Markt findet. Du lässt in einer möglichst großen Bratpfanne ein Stück Butter zergehen, dünstest darin feingehackte Zwiebeln und Knoblauch, gibst dann die in kleine Würfel geschnittenen Zucchetti bei und brätst sie unter ständigem Wenden so lange, bis ihr Saft zum größten Teil verdampft ist. Dann würzt Du sie mit Salz, Pfeffer, gehackter Petersilie, einer Messerspitze Zimt und einer Gewürznelke. Nun kannst Du sie zudecken und auf kleinstem Feuer eine gute halbe Stunde weichkochen lassen. Du musst aber aufpassen, dass sie Dir nicht anbrennen, und wenn zu wenig Flüssigkeit in der Pfanne ist, musst Du ein bisschen Wasser oder noch besser Hühnerbouillon zugießen. Du wirst sehen, wie gut das schmeckt.

Romero – Rosmarin auf Spanisch

6. September 1975

Liebe Alice,

ja, was mache ich eigentlich mit meinem Rosmarin?

Ehrlich gesagt, zunächst mache ich nichts anderes, als dass ich mich an ihm freue. Aus dem einfachen Grund, weil er so gut gedeiht. Ich war nämlich überzeugt, dass eine so mediterrane Pflanze in unserem Klima gar nicht leicht zu halten sei. Aber nun stelle ich fest, dass es mit dem landesüblichen Schnittlauch und Peterli viel schwieriger ist, einmal haben sie zu viel Sonne und dann wieder zu viel Wasser. Indessen wächst und grünt mein Rosmarin.

Also wenn Du mich fragst, was ich eigentlich mit dem Rosmarin mache, muss ich Dir ein wenig anders antworten, nämlich im Optativ: Was ich gerne einmal mit dem Rosmarin machen möchte.

Aber schau, da stellen sich bereits wieder Probleme. Der Rosmarin gehört als »romero« zu einer einzigen spanischen Provinz, nämlich zu jener von Navarra. Und zu dieser Provinz gehört unweigerlich – wieder einmal – eine Pastete, eine Kaninchenpastete, der »pastel del conejo«. Das Fleisch wird auf einem Kartoffelbrei serviert, der mit Rosmarin und Thymian gewürzt ist. Der Rosmarin also im Kartoffelbrei. Dieser Brei und diese Pastete gehören wiederum zu Pamplona, und zu Pamplona gehört das Fest von San Fermin. Aber darüber weißt Du bestimmt aus Hemingways Erzählungen besser Bescheid.

Ansonsten fällt mir im Moment nichts ein. Doch: Ich lege ein Zweiglein Rosmarin bei; es stammt von jener Ophelia, welche nach dem Willen von Shakespeare Rosmarin für die Treue verteilt.

Dein *Hugo*

Pilzfieber

13. September 1975

Lieber Hugo,

die schönsten Steinpilze, die festes weißes Fleisch ohne einen einzigen Madenstich haben, mache ich in Öl ein; die etwas weniger schönen dörre ich nach einer neuen Methode.

Warum ich Dir das schreibe? Weil ich im Augenblick von nichts anderem schreiben kann. Ich habe nämlich Pilzfieber wie jedes Jahr um diese Zeit. Besonders an feuchten, warmen und schwülen Septembertagen. Da ist es den Pilzen im Gegensatz zu den Menschen am wohlsten: Sie schießen – der Redensart entsprechend – aus dem Boden, und Ido und ich nehmen uns mitten in der Woche Zeit und fahren zu unseren Pilzplätzen.

Die ersten drei Stationen sind immer die gleichen: zuerst das abgelegene kleine Tal, wo Tannen und Birken dem Bach entlang stehen und außer uns nur weidende Kühe sich für Steinpilze und Birkenröhrlinge interessieren; dann der Täublingswald, wo es auch Eierschwämme gibt, und zum Schluss die Böschung mit den Jungtannen gleich neben der Straße, ein Pilzparadies, das allerdings auch andern Pilzsammlern bekannt ist.

Es stimmt nämlich nicht, dass Pilze launisch sind und nie zwei Jahre nacheinander am gleichen Ort wachsen, wie manche Leute behaupten. Ein einzelner Pilz kann einen schon einmal im Stich lassen; ein Pilzplatz bleibt aber immer ein Pilzplatz. Das weiß ich, weil Ido so etwas wie ein absolutes Pilzgedächtnis hat und abends beim Pilzrüsten genau sagen kann, wo er diesen Champignon, diese Rotkappe oder diesen Butterpilz gefunden hat, und im nächsten Jahr überprüfen wir dann die Sache, und so werden unsere Pilznachmittage immer länger.

Und ich habe viele Pilze einzumachen und zu dörren. Das Einmachen – Eierschwämme in Essig,

Steinpilze in Öl – schafft keine Probleme; mit dem Dörren hatte ich bis jetzt aber immer Schwierigkeiten. Der Backofen ist bei schwächster Hitze und offener Tür für die Steinpilze einfach zu heiß, sie laufen bräunlich an und schmecken geröstet; sie an Fäden aufzureihen und im Estrich aufzuhängen ist nur sinnvoll, wenn die Luft trocken ist, und das ist sie eben in der Pilzzeit meistens nicht. Da haben mich meine Stühle auf eine gute Idee gebracht, die alten Stühle mit dem geflochtenen Sitz, die in meiner Küche stehen. Ich habe sie mit den geschnittenen Pilzen belegt und einen kleinen elektrischen Ofen daruntergestellt. Du kannst Dir gar nicht vorstellen, wie schön die Pilzschnitze in dieser sanften Wärme getrocknet sind: Ihr Fleisch ist schneeweiß geblieben. Und dabei vollkommen trocken und brüchig, nicht elastisch wie die bräunlichgrauen Steinpilze, die man im Handel bekommt.

Weisst Du, warum die so gleichmäßig gefärbt sind? Weil man sie mit Sprays gegen Insektenbefall behandelt. Und weil es Händler gibt, die sie mit gedörrten Auberginescheiben strecken, welche den Geruch der Steinpilze so intensiv absorbieren, dass man sie nicht mehr unterscheiden kann. Das hat mir ein Bekannter erzählt, der in der Lebensmittel-Mafia Bescheid weiß.

Man kann die Steinpilze übrigens auch tiefgefrieren. Ich habe das schon letztes Jahr im Tiefgefrierabteil meines Kühlschranks mit Erfolg ausprobiert. Und von dem erwähnten Bekannten weiß ich, dass gegenwärtig aus Rumänien tonnenweise tiefgefrorene Steinpilze in die Schweiz importiert werden, zu achtzehn Franken das Kilo.

Entschuldige meinen Pilzmonolog. Wenn das erste Fieber vorbei ist, werde ich wieder dialogischer sein.

Herzliche Grüße *Alice*

PS. Vor dem Einschlafen lese ich jetzt anstelle moderner italienischer Romane in meinem Pilzbuch: Ich vertiefe mich in die Poesie der Schwindlinge, dieser »zierlichsten Pilzzwerge, die wie kleine Seiltänzer auf modernden Ästchen, Nadeln und Blättern wachsen«; ich erfahre, dass die Risspilze, die auf meinem Komposthaufen wachsen, auch Faser- oder Wirrköpfe heißen und dass es daneben noch Strubbel- und Wasserköpfe gibt, ganz abgesehen von den Mönchsköpfen, die ich kenne. Und schließlich träume ich davon, endlich einmal einen tonblassen Mürbling, einen olivgestiefelten Schneckling oder doch wenigstens einen verdrehten Rübling zu finden.

Geheimtipp für Pilze

20. September 1975

Liebe Alice,

Dein Pilzfieber kann ich nachempfinden, auch wenn es mich auf ganz andere Weise erfasst. Auch ich sammle Pilze. Allerdings nicht solche, die man in Öl einlegt oder dörrt.

Aber Du selber schreibst ja davon, mit welchem Genuss Du im Pilzbuch liest. Du freust Dich an den Strubbel- und Wirrköpfen und möchtest gerne einmal einen verdrehten Rübling sehen. Nichts leichter als das.

Nur eben – ich habe das Gefühl, Du suchst diese Pilze am falschen Ort. Du musst dafür nicht in ein abgeschiedenes Tal gehen, wo dem Bache entlang Birken und Tannen wachsen, sondern Du musst woandershin. Ich weiß, diese Bemerkung wird Dich überraschen, denn unter Pilzsuchern ist es nicht üblich, einander die Plätze zu verraten. In der Hinsicht halte ich es anders.

Ich weiß zum Beispiel genau, wo man mit Sicherheit den Schröpfling findet. Er gedeiht vorzüglich in Brugg, gleich hinter dem Bauernsekretariat. Immer wenn die Subventionen etwas überlaufen, gedeiht der Schröpfling bestens; er ist schon von weitem leicht zu erkennen, sein Hut gleicht einer nach oben geöffneten Hand, er trägt keine Manschetten, dafür ist er hemdsärmlig.

Man muss die Pilze eben dort suchen, wo sie vorkommen. Wenn Du zum Beispiel den innenpolitischen Teil unserer schweizerischen Zeitungen lesen würdest, dann würdest Du, sofern Du es nicht an Aufmerksamkeit mangeln lässt, diesen bald so interessant finden wie ein Pilzbuch. Denn da stößt Du auf allerlei Arten von Pilzen. Zum Beispiel die bekannten Wald- und Wiesen-Schwindlinge mit ihrem typisch stumpfen Buckel; sie können vollständig austrocknen, aber nach Regenfällen wieder aufleben; sie lassen sich übrigens gut züchten und sind schon nach kurzer Anlaufzeit recht ertragreich.

Oder Du wirst sehr leicht den tränenden Partei-Knollen entdecken, dessen Stiel vollfasrig und zottig ist; er wird oft verwechselt mit dem essbaren Edel-Milchbart, der sich so köstlich im Hackfleisch ausnimmt.

Die Bestimmung allerdings, was essbar, bekömmlich, nicht bekömmlich oder gar giftig ist, ist hier genauso wichtig wie bei den Pilzen, die Du im Wald suchst, nur dass die Bestimmungsbücher für meine Pilze oft keinen Pfifferling wert sind.

Aber Du hast Dich ja in Strubbel- und Wirrköpfe

verliebt und möchtest gerne einmal einem verdrehten Rübling begegnen. Meine liebe Alice, ich habe für Dich einen Tipp: Wenn Du der Aare entlang hochgehst, hinauf bis Bern und dort bis zum Punkt, wo eine große Terrasse auf den Fluss schaut, dann wirst du ein riesiges Gebäude sehen, in dem die wunderlichsten Pilze gedeihen – ich rede nicht vom Hausschwamm, der mit Recht gefürchtet ist, auch dann, wenn es sich um eine einheimische Art handelt.

Das Terrain hinter dieser Terrasse ist ein vorzüglicher Nährboden für Pilze. Du weißt, dass diese sich von Abgestorbenem und Verwestem nähren. So sprießen hier im Frühling und Herbst allerlei Pilze für ein paar Wochen. Du kennst bestimmt jene Form des Pilzwachsens, die man als Hexenkreis bezeichnet. Es gibt hier eine besondere Art des Hexenrings – den großen und den kleinen, beide nicht ganz ringförmig, sondern nur ein Dreiviertelkreis. Die Besonderheit aber ist, dass die Pilze nicht nur in einer Reihe wachsen, sondern dass sich Hexenring an Hexenring reiht.

Oder möchtest Du nicht einmal einen langstieligen Anhängsel-Röhrling in die Suppe tun? Es sind jene – trotz ihrem Namen – kleinen Pilze, die immer dann nicken, wenn der Nachbarpilz etwas gesagt hat, und die nie allein, sondern immer fraktionsweise eine Spore in die Urne fallen lassen.

O Alice, was sich da an mykologischen bzw. pilzkundlichen Möglichkeiten auftut, an Mastformen und Mehltau, an Stäublingen und rötelnden Schirmlingen, an Schreckfarben und Krümmungen, all die aschgrauen Leistlinge nicht zu vergessen.

Hier hast Du auch die Chance, einen ganz seltenen Pilz anzutreffen, den sogenannten Trompeter-Ritter, der auch blasser Republikaner genannt wird. Sein Fleisch ist innen tiefschwarz, was für ein Mäntelchen er sich auch immer umhängt. Im Gegensatz zu andern Pilzen wächst er nicht sehr gesellig, weshalb er einen eindeutigen Geruch abgibt, um sich bemerkbar zu machen.

Aber was zähle ich Dir da auf – geh doch selber hin, nimm das Körbchen mit, pflück ein paar, tu sie ins Öl und dörre ein paar andere.

Mit Gruß *Hugo*

Diät im Bundeshaus

27. September 1975

Lieber Hugo,

ich bin Deinem Rat gefolgt und nach Bern gefahren. In der Absicht, das kulinarische Profil der Parlamentarier zu ergründen. Das war ein Schlag ins Wasser: Sie haben nämlich – von wenigen Ausnahmen abgesehen – kein Profil. Das geht durch alle Parteien hindurch, nicht aber durch die Sprachgruppen; die Welschen und die Tessiner haben ein sehr differenziertes Verhältnis zur Gastronomie, und meine negativen Beobachtungen beziehen sich nur auf die deutschsprachigen Parlamentarier.

Negativ waren diese Beobachtungen im wörtlichsten Sinn: Die meisten Volksvertreter, die ich über ihre Essgewohnheiten befragte, erzählten mir spontan, was sie *nicht* essen, welche Mahlzeiten sie überspringen oder wie viele Kilos sie im letzten halben Jahr abgenommen haben. Und eloquent wurden sie erst, wenn sie von den Tätigkeiten berichteten, mit denen sie das Essen ganz oder teilweise ersetzen: Tennisspielen, Schwimmen, Marschieren, Fußballspielen und In-der-Sauna-Schwitzen. Manchmal hatte ich den Eindruck, in einen Fitness-Klub geraten zu sein.

Zugegeben: Meine Umfrage war ziemlich zufällig – von 244 Parlamentariern habe ich ungefähr zwanzig interviewt; dass aber Diät im Bundeshaus eine fast so große Rolle spielt wie in Frauenzeitschriften, haben mir immerhin auch zwei Bundesräte bestätigt: Herrn Bundesrat Ritschards Abendessen besteht aus »Eau de Perrier« und einer Frucht, und das etwas mildere »Régime« von Herrn Bundesrat Gnägi umfasst mageres Fleisch, etwas Käse und einen Apfel.

Dass bei dieser spartanischen Lebensweise kein Raum für gastronomische Phantasie bleibt, ist einleuchtend. Erstaunt hat mich dagegen, dass die meisten von mir befragten Parlamentarier eine Klischeevorstellung von gesundem Essen haben, die ich längst überwunden glaubte. Sie ernähren sich von grilliertem Fleisch und Salat.

Das stimmt mich traurig. Besonders wenn ich bedenke, dass ich während meines Berner Aufenthaltes selbst in renommierten Restaurants keinen guten Salat gegessen habe und dass Herr Glasson von Bulle, ein großer Kenner der Materie, mir erklärt hat, warum die Deutschschweizer nicht grillieren können.

Und weißt Du, von welcher Küche die Parlamentarier träumen, während sie lustlos angebranntes Fleisch und faden Salat verzehren? Natürlich von der italienischen Küche, von Nudeln, Lasagne, Spaghetti und Cannelloni; die Übereinstimmung war eindrücklich. Herr Schwarzenbach macht da nur insofern eine Ausnahme, als er mit kulinarischer Kompetenz erzählen kann, wie er seinen »Risotto alla milanese« selber zubereitet.

Zum Glück bin ich auch Frau Lang aus Wetzikon begegnet. Ihr verdanke ich den einzigen kulinarischen

Gewinn meiner Berner Reise. Sie hat mir erzählt, wie sie Schafsvoressen mit Safran kocht – das ist ein altes Berner Rezept –, und das tönte so vertrauenerweckend, dass ich es nächste Woche ausprobieren will. Über das Ergebnis werde ich Dich informieren.

Herzlich *Alice*

Die Krisenküche

29. September 1975

Liebe Alice,

wenigstens etwas hat herausgeschaut bei Deiner Reise nach Bern: die Wiederbegegnung mit einem Berner Rezept, Schaffleisch mit Safran. Wie das wohl schmeckt? Hast Du nicht gesagt, das werdest Du in nächster Zeit einmal kochen?

Also immerhin das. An sich habe ich Dich wegen der Pilze nach Bern geschickt. Hätte ich gewusst, dass Du dorthin fährst, um etwas Profiliertes anzutreffen, hätte ich eine entsprechende Empfehlung nicht gewagt. Du bist auf Klischeevorstellungen gestoßen, von denen Du annahmst, sie seien längst überwunden – liebe Alice, Du hast nicht eine kulinarische, sondern eine zutiefst politische Erfahrung gemacht.

Dabei gibt es im Bundeshaus eine Küche. Ich rede von der Küche im engen Sinne. Allerdings gibt es diese Küche noch nicht sehr lange. Erst seitdem unser Mann in Rio, Botschafter Bucher, entführt worden ist. Damals bildete sich im Bundeshaus ein Krisenstab, und eines der ersten Dinge, die man entdeckte, war das Fehlen einer Küche, so dass sich der Krisenstab gar nicht an Ort und Stelle verpflegen konnte. Deswegen richtete man eine Küche ein. Ganz klein und nur für das Allernotwendigste; aber unsere Krisen sind sowieso nicht groß und gehen selten über das Allernotwendigste hinaus.

In dieser Küche kann man jenen Kaffee kochen, für den es nicht mehr als heißes Wasser braucht, dort kann man jene Suppe herrichten, für die ebenfalls heißes Wasser genügt. Es kochen schließlich alle mit Wasser, nicht nur Helvetia. Allerdings, wenn sich diese in der Bundeshausküche drehen und wenden möchte, dann muss sie einige jener Kilos ablegen, die sowieso nicht zur Rezession passen.

Diese Küche ist aber nicht die einzige kulinarische Möglichkeit im Bundeshaus. Es gibt für die Landesväter noch eine andere. Hin und wieder essen nämlich die Bundesräte im Bundeshaus; dann, wenn sie auch am Nachmittag Sitzungen abhalten und sich nicht durch Auswärtsessen stören lassen wollen. Sie erhalten recht einfache Mahlzeiten: Siedfleisch, Schüblige, warmen Schinken ... Das weiß ich aus berufenem Munde. Aus dem Mund des Weibels, der diese Dinge herrichtet. Es war nicht leicht, zu dieser Auskunft zu kommen. Schließlich können sich die Landesväter nicht ohne tiefere Begründung in die Teller gucken lassen. Aber da sich der Bundesrat entschlossen hat, die Beziehungen zum Volk enger zu gestalten und eine offenere Informationspolitik zu betreiben, erhielt der besagte Weibel von der Bundeskanzlei sogleich die Erlaubnis, für die Information aus dem Vollen zu schöpfen.

Dieser Weibel war früher Koch im Prominenten- und Renommierhotel Bellevue in Bern. Den Kartoffelsalat, der immer frisch ist, bereitet er selber zu, ebenso wie die andern Salate. Er macht dies zu Hause; aber noch immer ist der Kartoffelsalat rechtzeitig ins Bundeshaus gefahren worden. Ein kleines Dessert, etwas Wein und Kaffee, nie Schnaps, ein Arbeitslunch. Und alle Landesväter essen das Gleiche; das Kollegialprinzip erhält auch hier seine Bestätigung, was einem einleuchtet, da es schließlich um die Wurst geht.

Aber ansonsten ist es mit dem Kulinarischen im Bundeshaus nicht weit her. Es gibt das »Zeitungszimmer«, und das wird für die Session in eine Kaffeestube umfunktioniert. Mit einer gewissen Andacht bin ich eingetreten. Das Erste, was man erblickt, sind denn auch Zeitungen, die an einem Ständer hängen. Aber gleich dahinter kannst Du das entdecken, was für die Volksvertreter bereitsteht: Wienerli und vor allem verschiedene Wähen. Ich habe eine Nidelwähe gegessen und kam mir sehr stilecht vor.

Herzliche Grüße *Hugo*

Römischer Safran

4. Oktober 1975

Lieber Hugo,

leider kann ich Dich noch nicht so bald zu Schafsvoressen mit Safran einladen. Ich habe nämlich keinen Safran mehr. Sag nun nicht, das sei ja kein Problem, Safran könne ich in fast jedem Lebensmittelgeschäft kaufen. Ich habe kein Vertrauen zu dem Safranpulver, das man bei uns in Tüten, Briefchen und Döslein kaufen kann; ich halte es für ein Produkt der Lebensmittelchemie, das zu stark riecht, zu grell färbt und auch zu billig ist, als dass es sich dabei um echten Safran handeln könnte.

Echten Safran kann man nur in Rom kaufen. Obschon der Risotto mit Safran eine Mailänder Spezialität ist, müssen Mailänder Hausfrauen sich dieses

Gewürz in Rom besorgen. Das weiß ich von einer Mailänderin, die ihren Safran im gleichen Laden wie ich in der Nähe der Kirche von San Luigi dei Francesi kauft. In einer Zeit, da man in allen Städten Europas chinesische Pilze und Bambussprossen, Avocados aus Israel, Limes aus Südafrika und Kiwifrüchte aus Neuseeland kaufen kann, ist das ein seltsames Phänomen. Safran ist so leicht und unverderblich und ließe sich so gut transportieren. Aber es fehlt offensichtlich an der Nachfrage.

Mein Laden in Rom ist kein Lebensmittelgeschäft, sondern eine »Erboristeria«, ein Kräuter- und Gewürzladen, der aussieht wie eine uralte Apotheke: an drei Wänden Regale mit schönen alten Steingutgefäßen, auf dem Korpus aus Marmor verschiedene Waagen und Mörser. Es ist ein Familienunternehmen, das vom Großvater der jetzigen Besitzerin noch im letzten Jahrhundert gegründet wurde. Ich kenne Frau Dall'Ongaro schon seit sieben Jahren. Ein römischer Freund hatte mir die Adresse gegeben. Ich trat ein und verlangte hundert Gramm Safran. Die ernste, würdige Frau hinter dem Ladentisch schaute mich nachdenklich an und sagte, das sei ein großes Quantum und koste auch viel: dreißigtausend Lire; das waren damals 210 Franken. Falls ich den Safran nur für meinen privaten Gebrauch benötige, rate sie mir, zehn Gramm zu kaufen: Das reiche, um während eines Jahres jede Woche einen Risotto für sechs Personen zu würzen.

Während sie mir die zehn Gramm abwog und in einen glatten, braunen Papierbogen einpackte, den sie mit geschickten Fingern zu einem gut verschlossenen Briefchen faltete, erzählte sie, warum der Safran so teuer ist. Die rotbraunen, ein bis zwei Zentimeter langen Fäden, die ich da sehe, seien die Narben einer Art Herbstzeitlose, die man in den Abruzzen feldmäßig anpflanze. Sie würden von Frauen mit Nadeln einzeln aus ihren Blüten gelöst, und dieser große Zeitaufwand sei schuld an dem hohen Preis. Für den »Risotto alla milanese« könne man die Safranfäden im Mörser zu Pulver zerreiben; früher habe man das so gemacht, heute zögen es die Hausfrauen vor, die Fäden nur in heißer Fleischbrühe anzurühren, weil die rötlichen Fäden im zartgelben Risotto augenfällig machen, dass hier nicht chemisches Pulver, sondern echter Safran verwendet wurde.

Von Frau Dall'Ongaro habe ich im Lauf der Jahre noch viel gelernt. Unter anderem zwei Grundregeln im Umgang mit getrockneten Kräutern, die bei uns sozusagen unbekannt sind: Getrocknete Kräuter behalten ihr Aroma höchstens ein Jahr, und pulverisierte Kräuter taugen überhaupt nichts, weil sie ihr Aroma in noch viel kürzerer Zeit verlieren. Das heißt mit andern Worten, dass 90 Prozent von dem, was in Küchen nördlich des Gotthards an getrockneten Kräutern herumsteht, unbrauchbar ist. Dazu kommt, dass das Mahlen mit einer Mühle jedem Naturgeschmack schädlich ist. Pfefferkörner müssen im Mörser zerstampft werden (Deinen Poivre concassé solltest Du gelegentlich wegwerfen). Ich fragte sie, ob das auch für den Cayennepfeffer gelte. Darauf hat sie mir ein paar getrocknete rote Pfefferschötchen in einem Mörser zerrieben, in ein Papier gewickelt und gesagt, ich solle ihr bei meinem nächsten Besuch berichten, ob das nicht besser schmecke als feingemahlener Cayennepfeffer. Sie hatte natürlich recht.

In vierzehn Tagen fahre ich nach Rom, falls Du Gewürz- oder Kräuterwünsche hast.

Mit herzlichen Grüßen *Alice*

PS. Weißt Du übrigens, wie der Safran in ein altes Berner Rezept kommt? Wir assoziieren mit diesem Gewürz doch ausgesprochen mediterrane Gerichte wie Bouillabaisse und Paella. Ich habe aber vor kurzem in einem Gewürzlexikon gelesen, dass Safran bis ins 18. Jahrhundert in Süddeutschland angepflanzt wurde. Und wer weiß, vielleicht hatten auch die Kaufleute der Zunft zur Saffran ihre Safranbeete im Garten; denn in einem Zürcher Rezept aus dem 17. Jahrhundert heißt es: »Fleischbrüewi ist lieblich und krefftig, besonders wan mans mit etlichen zerklopften Eierdoter und ein wenig Saffran vermischt.«

Eine pluralistische Platte

11. Oktober 1975

Liebe Alice,

wie schön, dass Du nach Rom fahren kannst. Ich selber, ich habe leider viel weniger appetitanregende Dinge zu tun. Aber was den Safran angeht, bitte ich Dich: Bring mir ein paar Gramm, ein paar Fäden mit.

Allerdings, wenn Du die gute Signora dall'Ongaro antriffst, fühle ihr einmal diskret auf den Zahn. Denn ich weiß nicht, ob sie Dir tatsächlich so richtige Auskunft gegeben hat. Die Bedenken hat eine gute Bekannte von mir ausgesprochen, die sich in Sachen Safran auskennen sollte; denn von ihr stammt jenes durchsichtige Schächtelchen mit den rotgelben Fäden, das bei mir unter den Gewürzen steht.

Meine Gewährsfrau also hat mir geschrieben, dass die rotgoldenen Fäden von einer Krokus-Pflanze stammen, die im Frühling blüht, der »crocus stigmata croci«. Und sie fügte bei: »Vielleicht macht in Italien auch eine Herbstzeitlose etwas Safranähnliches. Die beiden Blumen sind ja miteinander verwandt.«

Ich zitiere diese Sätze aus einem bestimmten Grund. Meine Bekannte sagt nämlich noch etwas, das ich von mir aus in Deiner Gegenwart auch nicht in brieflicher Distanz auszusprechen wage, nämlich eben, dass der herrlichste Safran aus Spanien kommt. Auf dem durchsichtigen Schächtelchen, in dem meine Safranfäden auf Verwendung warten, steht »Product of Spain«, und als Herkunftsort ist Murcia angegeben. Das ließe mit Recht vermuten, es handle sich beim spanischen Safran, dem »azafran«, um ein gängiges Exportprodukt; dem ist aber nicht so. Man kriegt ihn zum Beispiel in Madrid vor allem in kleinen obskuren Ladengeschäften. Aber vielleicht ist das gar nicht schlecht, der gute Safran möchte sich vielleicht verstecken.

Auf jeden Fall, wenn Du mir aus Rom ein paar Fäden mitbringst, bin ich gerne bereit, Dir ein paar Fäden von meinem Safran zu geben. Dann kommen wir doch noch zu unserem Schafsvoressen – gleich doppelt, einmal mit italienischem und einmal mit spanischem Safran gewürzt.

Oder wir könnten uns etwas ganz anderes vornehmen. Die spanische Küche ist unter den europäischen die, welche meines Wissens wie nur wenige andere den Safran vielseitig verwendet. Nicht nur für den erwähnten Safranreis und die Paella. Sondern man tut auch Safran in die »Sopa al Cuarto de Hora«, eine Viertelstundensuppe mit Meerestieren, Schinken und Reis, und man tut ebenfalls Safran in die »Fabada asturiana«, eine Bohnensuppe mit Wurst. Und Safran gehört auch ins »Pollo en Pepitoria«, ein geschmortes Huhn in Weißweinsauce mit Mandeln.

Wenn das keine Variationen sind. Apropos Variationen. In dem Zusammenhang kommt mir etwas anderes in den Sinn. Wenn wir Reis servieren, sind wir es gewohnt, einen nur auf eine bestimmte Art zubereiteten Reis aufzutragen. Aber dem muss gar nicht so sein. Man kann nämlich Reis in Varianten auf den Tisch bringen. Und wenn Du meinst, das sei ein Einfall von mir und gar kein dummer, muss ich Dich belehren: In jedem mexikanischen Kochbuch wirst Du »Reis mit Variationen« finden. Stell Dir eine Platte vor, auf der es verschiedenartigen Reis hat: gelben Reis, schwarzen Reis oder grünen Reis. Schwarz wird der Reis, wenn schwarze Bohnen mitgekocht werden, grün wird er, wenn Du Erbsen hineintust, gelb kann er werden, wenn Du Safran benutzest, aber nochmals anders, nämlich rot, nimmt er sich aus, wenn Du rote Peperoni, kleingeschnitten, hineintust.

Reis mit Variationen: Eine solche Platte macht einen reichen Eindruck, und was die ideologische Herkunft der Platte betrifft, könnte man diese als pluralistisch bezeichnen.

In diesem Sinne *Hugo*

Scharfgeschliffene Messer

18. Oktober 1975

Lieber Hugo,

ich weiß, dass Du in der literarischen oder politischen Diskussion für Genauigkeit bist, und frage mich seit einiger Zeit, warum Du im Bereich des Kulinarischen oft so ungenau bist. Findest Du vielleicht doch im Geheimen, die Küche lasse sich eher mit der linken Hand erledigen als die Literatur?

Warum erzählst Du mir zum Beispiel, dass eine gute Bekannte von Dir der Meinung ist, dass die Safranpflanzen im Frühling blühen und »crocus stigmata croci« heißen? Weißt Du nicht, dass man auch die Ansichten von guten Bekannten überprüfen kann? Ein Blick in ein allgemeines Lexikon hätte Dir gezeigt, dass die Safranblume »crocus sativus« heißt und in ganz Europa im Herbst blüht und dass es daneben noch den weißblütigen oder unechten Safran gibt, der im Frühling blüht und »crocus vernus«

heißt. Du hättest Dir und mir unnötige Zeilen ersparen können.

Eigentlich wollte ich Dir ja etwas ganz anderes erzählen: Ich habe von der Fachzeitschrift *Küche* einen Brief erhalten, in dem man mich ersucht, auf vier bis sechs Schreibmaschinenseiten meine Ansichten über Küchenplanung und -gestaltung zu äußern. Ich werde in dem Brief als »anerkannte Sachverständige« bezeichnet, und das hat mir, wie Du Dir vorstellen kannst, sehr geschmeichelt; aber je länger ich mir die Sache mit der Küchengestaltung überlegte, desto klarer wurde mir, dass da bei mir von Sachverstand überhaupt keine Rede sein kann, ja dass ich zu diesem Thema nicht einmal Ansichten habe. Wahrscheinlich liegt das daran, dass ich noch nie in modernen und funktionellen, sondern immer in altmodischen Küchen gekocht habe, in denen es so gemütlich ist, dass man sie gar nicht zu gestalten braucht. Das gilt ja auch für Deine Küche.

Nur einen einzigen konstruktiven Gedanken gelang es mir für mich zu formulieren: Das Wichtigste an einer Kücheneinrichtung sind für mich scharfgeschliffene Messer von guter Qualität. Das gehört zu meinen Koch-Grunderfahrungen: Die Köche oder Köchinnen sind so gut wie die Messer, die sie brauchen; denn was nützen Mixer, Hobel, Pressen und komplizierte Küchenmaschinen, wenn das

Grundwerkzeug – und das ist in der Küche das Messer – stumpf ist?

So wenig ich für Luxus in der Küche übrig habe – Messer kaufe ich nicht im Warenhaus, sondern im Spezialgeschäft, wo ich sie auch zum Schleifen bringen kann. Und da die Beziehung zwischen gutem Koch und gutem Messer auch umkehrbar ist, wird es Dir einleuchten, dass Herr Lorenzi, bei dem ich meine Messer kaufe, auch ein guter Koch ist. Er führt sein Geschäft zusammen mit seinem Vater und kocht seit zwanzig Jahren für die ganze Familie. Sein Großvater kam 1895 mit seinem Bruder und einem Schleifstein aus den Dolomiten nach Zürich und installierte sich an der Langstraße. Dem Bruder gefiel es nicht, und er kehrte in sein Heimatdorf zurück, wo er eine Messerfabrik gründete. Der Großvater dagegen baute ein Messergeschäft auf, dessen Kunden bis heute vor allem italienische und spanische Gastarbeiter sind, was natürlich wieder für die Qualität dieser mediterranen Küchen spricht. Die einzigen Messer, die Lorenzis heute noch selber herstellen, sind die Messer mit der kleinen gebogenen Klinge, mit denen alle Maronibrater von Zürich ihre Kastanien einschneiden.

Herr Lorenzi hat mir am letzten Samstag das beste und einfachste Rezept für Kaninchenragout verraten. Es beruht auf der Einsicht, dass Kaninchenfleisch von Natur aus so trocken ist, dass es nur in einer kräftigen und reichlichen Sauce gut schmecken kann. Kräftig macht man die Sauce, indem man die Ragoutstücke in einer Gusseisenpfanne im Öl so lange anbrät, bis sie schön braun sind; dann leert man das Öl weg, gibt Butter in die Pfanne und brät darin auf kleinem Feuer das Fleisch zusammen mit zwei Knoblauchzehen und zwei kleinen Zwiebeln, die man mit einem Lorbeerblatt und einer Nelke besteckt, weiter. Dann löscht man mit zwei Gläsern Rotwein ab und gibt so viel Wasser dazu, bis die Fleischstücke knapp bedeckt sind. Im Wasser löst man einen Würfel Bratensauce auf. An dieser Bratensauce in Würfelform habe ich natürlich Anstoß genommen. Herr Lorenzi meinte, ich könne ja auch ein bisschen Mehl anrösten; er ziehe allerdings das Würfelaroma dem Geschmack von geröstetem Mehl vor. Damit hat er mich überzeugt, und das Ergebnis gab ihm recht. Man lässt das Ragout anderthalb Stunden zugedeckt auf kleinem Feuer kochen und isst es zusammen mit breiten Nudeln. Das schmeckt so köstlich, dass ich Dir nur raten kann: Versuch es selber!

Sehr herzlich *Alice*

Zeit zum Einbüchern

25. Oktober 1975

Liebe Alice,

eigentlich habe ich gar keine Zeit zum Schreiben. Nicht, dass ich das Essen aufgegeben hätte. Im Gegenteil. Ich widme mich im Augenblick intensiv dem Essen, völlig, zukunftsbezogen. Ich bin nämlich dabei, eine Liste von Büchern zusammenzustellen, die alle mit dem Essen zu tun haben.

Jetzt, da Herbst ist und andere ans Einmachen und Einkellern gehen, mache ich mich ans Einbüchern und fülle meine Gestelle mit neu Bedrucktem, auf die Gefahr hin, dass der Schimmel von Anfang an drin ist. Aber das ist halt das Risiko bei Büchern; viele Helden bestehen nun einmal nicht einen einzigen Winter, obwohl es ihnen in den meisten Fällen nicht an Zucker gefehlt hat.

Natürlich habe ich auf die Liste sogleich ein *Küchenlexikon* von »A« bis »Z« gesetzt, von »Austern« bis »Zwischenrippenstück«. Schon lange suchte ich ein Lexikon, das griffbereit neben mir liegt, wenn ich Dir schreibe. Hoffentlich ist es gut genug, um mein Küchen-Duden zu werden, dem Du nicht so ohne weiteres widersprechen kannst.

Man muss sich schon vorsehen, obwohl es mir ein

wenig mulmig wird, wenn ich einen Titel lese *Was soll ich kochen? 2400 Rezepte*. Sieben Vorschläge für jeden Tag und für jeden Geldbeutel. Ich kann mir einfach nicht vorstellen, dass es 2400 gute Dinge gibt. Aber wir werden wohl umlernen müssen. Es ist ein schweizerisches Sparkochbuch herausgekommen. Hörst Du, Aschenbrödel? Ein Kochbuch mit »Schlemmerrezepten für die Krise der siebziger Jahre«. Die Autorin stellt sich die Krise wohl lustig vor. Ich habe unter »A« nachgeschaut, aber es gibt weder eine »Armensuppe« noch einen »Arbeitslosenauflauf«. Vom Schlemmen ist auch in einem andern Buch die Rede, *Brot zu jeder Zeit,* darin geht es um die »köstlichen, aromatischen, heimeligen Gerichte aus Ururgroßmamas abgegriffenem Kochbuch«. Merkst Du die Nostalgie – man sehnt sich nicht nur nach der Großmutter oder der Urgroßmutter, sondern nach der Ururgroßmama; wenn Du genügend viele »Ur« davorsetzest, landen wir bei den Apfel-Rezepten von Eva.

Was es doch nicht alles an Büchern gibt, aber eben, wenn jedes Land und jeder Stamm seine eigene Küche hat – die österreichische Küche, die mexikanische, die russische, die Berner Küche. Nein, ich komme wirklich fast nicht nach.

Nur einen Namen möchte ich erwähnen: Eugen von Vaerst. Seine *Gastrosophie oder Lehre von den*

Freuden der Tafel ist als »Reprint« erschienen. Und das ist merkenswert – ach, wenn doch in Deutschland alles so gut wäre wie die Philosophie; das gilt auch für die Küche. Die Küchenphilosophie ist nämlich hervorragend. In dem Buch von Vaerst findest Du ein Kapitel über Salat, das mit folgenden Worten beginnt: »Wer einen guten Salat zuzubereiten versteht, wird unstreitig ein gutes Buch zu schreiben imstande sein.« Wenn das an Dich keine Aufforderung ist! Aber vergiss nicht, beim Buch gilt, was auch beim Essen gilt: »Da er es nicht gut machen konnte, machte er es teuer.«

Dabei habe ich gar keine Zeit zum Schreiben, ich muss unbedingt ans Gestell zurück, sonst brennen mir die Bücher an.

Herzlich *Hugo*

PS. Etwas interessiert mich, was ein neues Kinderkochbuch betrifft. Ich konnte als Kind nur eine Sache kochen, aber es war die süßeste Sache der Welt: »Nidelzeltli«. Milch in eine Bratpfanne geben und dann viel Zucker hinein und den braun werden lassen. Das war ein Rezept, das sich besonders gut machen ließ, wenn die Mutter in der Stadt war. Aber dann kriegte ich jeweils den gebrannten Zucker nicht mehr aus der Pfanne, und beides war hin, Zeltli und Pfanne. Vielleicht steht im Kinderkochbuch, wie man diese festgehockten Nidelzeltli aus der Pfanne freikriegt, ehe die Mutter aus der Stadt zurückkommt.

Salat-Traktat

1. November 1975

Lieber Hugo,

vielleicht bist Du mit Deiner Kochbibliographie auf dem rechten Weg, vielleicht werde ich in Zukunft die kulinarischen Abenteuer auch eher in Kochbüchern suchen als in der Wirklichkeit. Du wunderst Dich, dass ich Dir ausgerechnet aus Rom so pessimistisch schreibe. Das kommt von meinen ersten Erfahrungen.

Stell Dir vor: Der Schriftsteller Giorgio Bassani sagte, wir würden zum Mittagessen an einen zauberhaften Ort fahren. Wir fuhren ins Restaurant des Tennisklubs Parioli im großen Park der Villa Savoia. Auf den Tennisplätzen war viel Betrieb, das Restaurant war fast leer. Als Vorspeise gab es nur Gemüse. Bassani bestellte einen Randensalat, ich Artischockenherzen, die ziemlich sauer schmeckten. Als Hauptgang figurierte auf der Karte Roastbeef oder Paillarde de veau; von Nudeln oder Spaghetti keine Spur. Ich nahm die Paillarde; das Roastbeef hätte wahrscheinlich besser geschmeckt, und zum Dessert hatte man die Wahl zwischen Früchten, Fruchtsalat und Fruchtsäften. Bassani trank einen Mandarinensaft. Ich fragte ihn, warum er nicht lieber eine Mandarine esse. Er sagte, der Saft belaste den Magen nicht unnötig. Dann spazierten wir zwischen Tennisplätzen, und der Romancier, der selber leidenschaftlich gern Tennis spielt, machte mich auf die guten Spieler aufmerksam.

Am nächsten Tag telefonierte ich mit Anna Malerba. Sie sagte, ich solle doch zum Abendessen kommen, wenn es mir nichts ausmache, Diät zu essen: Luigi müsse vier Kilo abnehmen. Ich ging hin, und es war ein improvisiertes und fröhliches Essen aus verschiedenen gekochten Gemüsen, die mit Zitrone und Öl gewürzt wurden, verschiedenen Magerkäsen, harten Eiern und einer großen Schüssel Salat, der mich an die goldene Zeit erinnerte, da man in Rom nirgends besser aß als bei Malerbas.

Ich glaube, es gibt keinen bessern Maßstab für die Qualität einer Küche als den Salat. Ich weiß, dass Du da mit mir einig bist; nicht nur weil Du Herrn von Vaerst zitierst, sondern auch weil ich Dich noch nie in einem Restaurant Salat essen sah, und bin fast sicher, dass du auch gegen die bei uns weitverbreitete Unsitte bist, das Essen mit einem

Teller Salat anzufangen, der einem den Appetit auf den Hauptgang verdirbt.

Anna Malerbas Salat ist eine besonders köstliche und reiche Variante des Salats, wie er in Süditalien zubereitet wird: in den Familien; im Restaurant findet man ihn selten. Man könnte ihn als gemischten grünen Salat bezeichnen; er besteht aus mindestens drei grünen Sorten, von denen eine deutlich bitter sein muss; dazu kommen aromatische Kräuter; in Rom ist die dunkelgrüne, intensiv herbe »Rughetta« am bekanntesten. Anna bereichert den Salat des Gemüsehändlers durch wildwachsende Kräuter, die sie bei ihrem Haus in der Nähe von Orvieto pflückt: eine Art Brunnenkresse, die »Zampa di Gallo« heißt, und die »Pimpinella«, die ähnlich aussieht wie die italienische Petersilie. Ähnlich wie die Petersilie sieht allerdings auch der berühmte Schierling des Sokrates aus, der in der römischen Campagna massenhaft wächst, und Malerbas erinnern sich mit Schrecken und Vergnügen an den Schierlingssalat, den sie vor Jahren einmal Gästen vorsetzten, die zum Glück botanisch bewanderter waren als sie.

Dieser gemischte grüne Salat ist so reich und harmonisch im Geschmack, dass die gemischten Salate, die man in vielen italienischen Restaurants in Zürich vorgesetzt bekommt, daneben als reine Barbarei erscheinen. Man macht ihn mit Salz, Olivenöl und Weinessig an. Anna macht ihren Weinessig natürlich selber; sie hat eine »Mamma«, die sie nicht, wie wir es mit unsern Essigmüttern machen, jeden Frühling einmal auswäscht; sie wirft sie bis auf ein kleines Stück weg, das sich dann im Essigwein sehr rasch regeneriert. Das werde ich im nächsten Frühling auch einmal versuchen. Den Essig, den Anna jetzt gerade verwendet, hat sie mit einer zerquetschten Knoblauchzehe und ein paar Minzeblättern aromatisiert.

Du kannst diese ganze Salatweisheit aber auch ohne langes Ausprobieren gleich in Deine Bibliothek einordnen. Sie ist schon recht alt. Salvatore Massonio hat 1627 in Venedig ein Traktat über den Salat mit dem Titel *Archidipno overo dell'insalata* publiziert, das vor kurzem vom Verlag Il Polifilo neu herausgegeben wurde. Soll ich es Dir mitbringen?

Herzlich *Alice*

Voresserin und Voresser

8. November 1975

Liebe Alice,

was sich nicht alles in Deiner Abwesenheit tut. Sogar ein Witz ist passiert. Und zwar an einem Ort, wo man es nicht vermuten würde, nämlich im *Nebelspalter*. Dort war unter »kurz aber schnurz«, oder wie immer die Rubrik heißt, die Meldung zu lesen, dass wir beide bald zusammenziehen würden, um uns nicht mehr schreiben zu müssen.

Sollte über irgendeinen Umweg ein solches Gerücht an Deine Ohren gelangen, möchte ich jetzt schon festhalten, dass ich in keiner Weise daran Schuld habe. Es handelt sich auch nicht um eine versteckte Liebeserklärung, obwohl die Liebe ja durch den Magen geht, und es ist auch kein Heiratsangebot – so gerne ich Dich wieder aufsuche, wenn Du zurück bist, und so gerne ich mich an Deinen Tisch setze.

Und dann: Weshalb sollten wir uns keine Briefe mehr schreiben, auch wenn wir unter einem gemeinsamen Dach leben sollten? Ich kenne einen Schriftsteller, der hat von der einen Ecke seines Zimmers in eine andere Ecke des gleichen Zimmers seine Briefe geschickt.

Aber die Leute nehmen nun einmal Anteil. Das leuchtet mir ein. Es gibt ja außer dem Kochen kaum ein Gebiet, auf dem jedermann sich in gleicher Weise kompetent fühlt und etwas mitzuteilen hat. Jede Frau und auch jeder kochende Mann hat bei irgendeiner Gelegenheit eine Entdeckung gemacht oder eine Kombination erfunden, die mitteilenswert ist.

Wenn ich die Wahl hätte, als siegreicher General in die Militärgeschichte oder als Erfinder eines Rezeptes in ein Kochbuch einzugehen – ich würde als Sockel eine Menükarte wählen.

Aber das kennst Du ja selber, wie die Leute Anteil nehmen: »Das müssen Sie unbedingt probieren.« Das Letzte, was ich unbedingt probieren musste, war ein Kalbssteak mit Schabzigersauce. Natürlich in Glarus. Und es schmeckte gar nicht schlecht – Schabzigersauce ist eben Kräutersauce, nur würziger und schärfer als die übliche.

Das Austauschen von als Rezept formulierten Erfahrungen ist ein lustiges Spiel und hat als solches schon seinen Reiz, ohne dass man sich gleich ans Ausprobieren machen muss. Wobei es immer wieder Tipps gibt, die sich schon lohnen auszuprobieren. Einen solchen gab mir eine gute Bekannte; sie hatte sogar gleich die Grundlagen dafür mitgebracht, nämlich zwei Avocados. Man halbiert sie, nimmt den Kern heraus, »matscht« das Fruchtfleisch mit der Gabel, würzt und belegt es mit kleinen Lachsstücken; das Ganze wird in den Ofen geschoben. Avocados warm – das hatte ich bisher nicht gekannt, und es schmeckte ganz vorzüglich. Da fällt mir übrigens ein: Wir essen die Avocados gewöhnlich mit Salz und Pfeffer, zum Aperitif oder als Vorspeise, aber man kann die Avocados auch süß genießen. Das Fruchtfleisch in den Mixer, etwas Zitrone hineinträufeln, Rahm dazugeben, und die Creme ist bereits fertig. Und schmecken tut sie wie …, ja, wenn man jeweils nur den richtigen Wortschatz hätte.

Ich suche doch schon seit langem ein Buch, von dem ich nur weiß, dass es existiert, aber von dem ich den Titel nicht genau kenne – es könnte sich um einen frühen Roman von Ehrenburg handeln. Die Geschichte jedenfalls geht so: Ein reicher Genießer der Kochkunst darf aus medizinischen Gründen nicht mehr viel essen. Er begibt sich mit seinem Diener auf eine Weltreise, und dieser Diener muss überall die Spezialitäten der Länder zu sich nehmen und seinem Herrn schildern, wie das Genossene schmeckte. Vor allem bin ich neugierig, was dieser Diener später machte. Ich vermute, er hat auf dieser Voresserreise eine vorzügliche Schule durchlaufen, die ihm als Kunst- und Literaturkritiker hätte zugutekommen können.

Herzliche Grüße von einem Auch-Voresser an eine Voresserin.

Hugo

»Da Settimia«

15. November 1975

Lieber Hugo,

Du hast recht, wir wollen uns weiter Briefe schreiben, vor allem jetzt, wo die Post zwischen Zürich und Rom so tadellos funktioniert wie noch nie. Vielleicht liegt das an der Sonne, die spätsommerliche Milde und Heiterkeit verbreitet und die Zitronen und die Mandarinen an den Bäumen vor meinem Fenster reifen lässt. Sie lockt auch Pilze aus dem Boden, die für diese Jahreszeit ganz ungewöhnlich sind, und verlängert mir so nicht nur den Sommer, sondern auch die Pilzsaison.

Du musst aber nicht befürchten, dass ich nun die italienische Literatur vergesse und mit dem Pilzkörbchen in der römischen Campagna herumschweife: Im kulinarischen Bereich bin ich hier vollkommen passiv, und schon der Gedanke, mir ein Sandwich selber zuzubereiten, scheint mir absurd, wo es doch an jeder Straßenecke schöne Bars und Lebensmittelgeschäfte gibt, in denen man sich ein Sandwich nach eigenem Wunsch zusammenstellen lassen kann.

Die besagten Pilze – große, schöne, schwere und ganz gesunde Steinpilze mit fast schwarzen Hüten – habe ich zwischen Rebhühnern und Würsten in der Vitrine eines Restaurants entdeckt, an dem ich mit Margit R. zufällig vorbeikam, und da wir beide Hunger hatten, traten wir ein und fragten, ob man uns diese Pilze kochen würde. Selbstverständlich: grilliert, geschmort, alla genovese, alla milanese, trifolati, als Ragout mit Polenta oder als Sauce zu Teigwaren. Wir setzten uns beglückt und bestellten als ersten Gang Nudeln mit Steinpilzsauce.

Der freundliche Kellner machte uns darauf aufmerksam, dass jetzt auch die Saison der weißen Trüffeln sei: Die schmeckten auch gut zu Nudeln. Darauf bestellte Margit die »tagliatelle con tartufo«, und ich muss gestehen, so delikat die Steinpilzsauce war, das intensive und köstliche Aroma der feingehobelten Trüffelblättchen ist etwas, was kein anderer Pilz erreicht, auch nicht die schwarzen »truffes du Périgord«, auf die die Franzosen so stolz sind. Brillat-Savarin bestätigt das, und dies zeigt, dass er halt wirklich ein Feinschmecker war, für den es keinen kulinarischen Chauvinismus gab. Da kommt mir in den Sinn, dass ich letzthin eine Neuausgabe der *Physiologie du Goût* mit einem Vorwort von Roland Barthes gesehen habe. Die gehörte eigentlich auch in Dein Kochbuchgestell.

Nach den Nudeln aßen wir grillierte Steinpilze: In der Mitte des Tellers lagen die halbierten dunklen Hüte und rundherum, sehr dekorativ, die in weiße runde Scheiben geschnittenen Stiele. Beim Essen habe ich gemerkt, dass ich selber vom Pilzkochen weniger verstehe, als ich bisher glaubte: Diese Steinpilze waren so gut, weil sie nicht mit Kräutern oder Knoblauch gewürzt waren und nichts als ihren eigenen Geschmack hatten. Als Zutaten waren nur Öl, Salz und ein wenig Pfeffer verwendet worden.

Als ich am nächsten Tag einem römischen Freund von der Entdeckung der feinen Pilz-Trattoria erzählte, schaute er mich an, als zweifle er an meiner Freude, und sagte, die Trattoria sei längst entdeckt; da habe er manchmal mit Carlo Emilio Gadda gegessen, und auch Manganelli treffe man dort häufig. Gibt es einen besseren Beweis für die Affinität zwischen Literatur und Kochkunst, die sogar die »Voresser«, wie du sagst, auf richtige Wege leitet?

Zu Deiner Orientierung: Die Trattoria heißt »Da Settimia« und befindet sich an der Via delle Colonelle in der Nähe des Pantheons.

Mit herzlichen Grüßen *Alice*

PS. Ob ich eine Trüffel nach Zürich mitbringen werde, kann ich Dir noch nicht sagen; 100 Gramm kosten hier in Rom 20 000 Lire, und ich weiß nicht, ob man die Sünde der Fresslust so weit treiben darf, dass man so viel Geld für eine Delikatesse ausgibt. Vielleicht sind sie aber in einer kleinen norditalienischen Stadt billiger, und ich habe für jeden Fall eine Vorratsdose mit Reis gefüllt, damit ich diese billigere Trüffel darin transportieren kann. Im Reis bleibt sie nämlich nicht nur mehrere Tage frisch, sondern sie parfümiert ihn gleichzeitig für ein köstliches Risotto.

Geschnetzeltes à la Mimikry

22. November 1975

Liebe Alice,

ich weiß nicht, ob Du diesen Brief überhaupt erhältst. Ich schreibe nämlich unter erschwerten Umständen.

Du mit Deinem römischen Restaurant und mit Deiner weißen Trüffel. Die Küche, von der ich zu berichten habe, befindet sich in einer Scheune, es wird in einem riesigen altmodischen Wäschekessel gekocht, und über dem Ganzen walten nicht drei Sterne, sondern der dünne Streifen eines Korporals.

Ich bin nämlich im Felde. Das heißt nicht, dass ich im Freien wäre, sondern ich befinde mich in einem Bunker. Aber geistig bin ich im Feld. Und in dem Zustand isst man weniger, dafür wird man umso mehr verpflegt.

Allerdings, fürs Essen darf ich zuweilen den Bunker verlassen, um dann im … Aber das darf ich Dir nicht mitteilen, aus Gründen, die Dir sicher einleuchten.

Nun verschieben sich die Kulinaritäten in meiner augenblicklichen Lage sowieso erheblich. Zum Beispiel in Richtung von Crèmeschnitten und Nussgipfeln. Dinge, die ich sonst während des Jahres kaum kaufe, geschweige denn konsumiere. Im Militärdienst aber packt mich eine unverkennbare Lust nach Süßigkeiten – Sigmund Freud sei's geklagt. Und dann kann die Crèmeschnitte nicht groß genug sein, und beim Hineinbeißen muss die Vanillecrème auf beiden Seiten so über die Finger laufen, dass man daran noch lange lecken kann.

Überhaupt genieße ich Sachen, die sonst, unter anderen Umständen, kaum meine Begeisterung finden würden. Aber so ein Teller, bis zum Rand gefüllt, und dann zulangen, das ist ein Milizgefühl.

Gerne wäre ich natürlich in die Küche vorgedrungen. Aber das war wegen der erschwerten Umstände nicht möglich. Ich wäre gerne hinter ein Rezept gekommen: eine Käseschnitte, wie man sie nur im Militärdienst kriegt und wie ich sie bis zum jetzigen Zeitpunkt noch nie bekommen habe. Eine Käseschnitte, sage ich Dir. Aber eben. Ich bin nicht bis zur Küche vorgedrungen.

Dafür habe ich eine andere Erfahrung gemacht, wobei es nicht so sehr ums Rezept geht, Du wirst gleich begreifen, warum.

Am Sonntag gab es ein Geschnetzeltes; das war auf eine Weise zubereitet, hinter die nicht zu kommen war. Es besaß jene gemischte Farbe der Tarnanzüge, weswegen ich das Geschnetzelte als »à la Mimikry« bezeichne. Lange habe ich darüber gebrütet, was wohl der tiefere Sinn eines solchen Rezeptes sei, bis mir schlagartig aufging, dass es nichts anderes als eine Demonstration von Geheimhaltung ist. Sollte nämlich die Kochkiste mit diesem Geschnetzelten in die Hände des Feindes fallen, wird dieser nie herausbringen, auf welche Weise es gemacht worden ist, und so bleibt das Geheimnis auf alle Fälle gewahrt.

Als Rezeptquelle kommt nämlich weniger ein Kochbuch in Frage als das Plakätchen, das überall an den Bunkerwänden hängt: »Feind spioniert jederzeit«. Und dem muss begegnet werden. An diese Warnung hat sich auch der Mann gehalten, der das Geschnetzelte à la Mimikry erfand. Auf dem gleichen Plakätchen steht nämlich auch die Mahnung: »Kenntnis nur, wenn nötig«, und das hat der stellvertretende Küchenchef als vaterlandserhaltende Devise aufgefasst, ganz im Sinne des Erfinders von diesem Slogan.

Ja, liebe Alice, es gibt verschiedene Möglichkeiten, mit den Kenntnissen zurückhaltend zu sein, vor allem dann, wenn mit Kenntnis, die nur da ist, wenn nötig, der Feind im Schach gehalten werden kann.

Mit herzlichen Grüßen aus dem Feld *Hugo*

PS. Wenn Du wüsstest, wie gerne ich weiße Trüffeln habe. Allerdings kann ich nie von Trüffeln reden, ohne an die armen Schweine zu denken, welche sie finden, aber nicht fressen dürfen. Diese Trüffelschweine haben für mich etwas von Avantgardisten, denen es gelingt, Kostbares aufzustöbern, aber kaum wollen sie sich ans Fressen machen, kriegen sie eins auf die Schnauze, und die andern tun sich gütlich daran.

Schweizer und andere Zwiebeln

29. November 1975

Lieber Hugo,

ich bin aus Rom zurück, und falls auch Dein Aufenthalt im Feld zu Ende ist, möchte ich Dich mit diesem Brief zu einem Mittagessen einladen.

Als ersten Gang werde ich Dir »Spaghetti alla cipolla« vorsetzen, ein Gericht, das ich gestern Abend erfunden habe. Inspiriert dazu hat mich ein besonders schön geflochtener Zwiebelzopf, den mir Vreni E. vom Berner »Zibelemärit« mitgebracht hat.

Ich habe dort, wo der Zopf am dicksten ist, zwei große braune Zwiebeln abgeschnitten, sie ganz feingehackt und dann im heißen Öl so lange gedünstet, bis sie braun waren. Das habe ich von Ido gelernt, der sagt, den meisten Hausfrauen fehle die Geduld, um Zwiebeln richtig braun zu rösten, obwohl nur braune Zwiebeln einen wirklich feinen Geschmack haben. Man muss dabei natürlich aufpassen, dass sie nicht anbrennen. Darauf habe ich den aromatischen Zwiebelbrei mit einem guten Schuss Sherry abgelöscht, Salz und Pfeffer beigefügt, und ganz am Schluss kam ich auf die Idee, das Ganze mit ein paar getrockneten Steinpilzen, die ich fein zerkrümelte, zu würzen. So einfallsreich hantiere ich in der Küche nur, wenn ich vier Wochen in Rom gewesen bin; sonst bin ich, wie Du weißt, eher eine Puristin und überlasse das Experimentieren phantasievollen Männern.

Die Sauce ließ ich dann auf kleinstem Feuer zehn Minuten kochen, verdünnte sie gegen den Schluss mit einem halben Glas Fleischbrühe, richtete sie über al dente gekochten Spaghetti an und rieb frischen Parmesankäse, den ich auf der Heimreise in Modena gekauft habe, darüber. Ido fand, das sei eine echte Entdeckung.

Das ist übrigens auch eines der wenigen Zwiebelgerichte, zu denen man unbesorgt Schweizer Zwiebeln verwenden kann. Denn wo man den Duft der frischen Zwiebel braucht – zu Lachs, zu Salaten oder ungekochten Saucen –, da ist man auf ausländische angewiesen: auf die dunkelroten Milden, die schneeweißen Scharfen oder die delikaten Braunen aus Italien oder Spanien. Und während der kulinarisch düsteren Zeit, da der Import ausländischer Zwiebeln gesperrt ist, seufzt Frau M., bei der ich mein Gemüse kaufe, über ihren Sohn, der nicht einmal Spaghetti alla carbonara essen will, wenn sie mit Schweizer Zwiebeln zubereitet sind. Er kann ihre derbe Schärfe einfach nicht ertragen, und ich frage mich, warum die Schweizer Zwiebelpflanzer nichts unternehmen, um ihre Sorten zu verbessern. Wahrscheinlich weil es an der Nachfrage nach bessern Zwiebeln fehlt.

Dabei fängt die Feinschmeckerei tatsächlich bei diesem einfachen Gemüse an, und Frau M., die es gelassen hinnimmt, wenn ihre Kunden Limes und Zitronen verwechseln und fade Mandarinen kaufen, nur weil sie kernlos sind, kann eine vorwurfsvolle Bemerkung nicht unterdrücken, wenn eine Hausfrau Schalotten von Perlzwiebeln nicht unterscheiden kann. Und wie bedrückend sind doch Küchen, in denen prinzipiell ohne Zwiebeln gekocht wird, und wie vertrauenswürdig kommt mir Deine Küche vor, seit ich Dich dort einmal mit Tränen in den Augen vor einem Berg gehackter Zwiebeln angetroffen habe.

Berichte mir also, wann Du Zeit hast. Den zweiten Gang verrate ich Dir noch nicht.

Herzlich *Alice*

PS. Schweine suchen nur schwarze Trüffeln; die weißen werden von Hunden aufgespürt, die in der berühmten »Akademie« von Roddi für ihren wichtigen Beruf ausgebildet werden.

Zwiebelton in Zwiebelton

6. Dezember 1975

Liebe Alice,

stell Dir vor, ich weiß, was ich im Militärdienst gegessen habe. Das »Geschnetzelte à la Mimikry« entpuppte sich als »Riz colonial«. Mein Hauptmann hat sich höchstpersönlich danach erkundigt. Nun darf man ja wieder Geheimnisse ausplaudern, da der Krieg zu Ende ist. Allerdings bin ich nach wie vor in einer quälenden Ungewissheit. Ich weiß nämlich bis heute nicht, wer diesen Manöverkrieg gewonnen hat und auf welcher Seite ich war. Aber beide Parteien scheinen gleich gut gewesen zu sein, und so ist eben das eingetreten, was man in schweizerischer Terminologie einen »paritätischen Sieg« nennen kann – ein Sieg, an dem alle partizipieren dürfen, aber keiner ausschließlich.

Und dann habe ich auch das Buch gefunden, von dem ich Dir geschrieben habe. Den Roman von Ilja Ehrenburg; er heißt *Das bewegte Leben des Lasik Roitschwantz,* ein amüsantes Werk; die Anfangssätze finde ich genial: »Man kann behaupten, dass das ganze bewegte Leben des Lasik Roitschwantz mit einem unvorsichtigen Seufzer begann. Es wäre besser gewesen, er hätte nicht geseufzt.«

Allerdings entspricht das Buch nicht meinen »kulinarischen« Erwartungen; die Szene, wo der eine dem andern vorisst, stellt nur ein Kapitel dar, und der Held muss einfach anstelle des andern essen und ihm nicht schildern, wie es schmeckt. Das aber hätte mich interessiert, schon wegen der sprachlichen Schwierigkeiten. Stell Dir vor, Du müsstest mir rein sprachlich den Eindruck vermitteln, den Deine Zwiebel-Spaghetti auf den Esser ausüben! Glücklicherweise musst Du das nicht; in dem Falle ist es schon besser, Du lädst mich zum Essen ein, und ich nehme an.

Ich bin ein Zwiebel-Fan. Und jetzt, da Du so viel

Zwiebeln hast, könnten wir doch noch viele andere Dinge mit Zwiebeln machen. Eine Zwiebelsuppe zum Beispiel. Und dann: nicht nur Tomaten und Peperoni mit Hackfleisch füllen, sondern auch grosse Zwiebeln, das sieht schön aus und ist erst noch eine gute Variante. Und dann machen wir auch noch einen Zwiebelsalat: die trockenen Schalen entfernen, Wurzel und Stengel abschneiden, die Zwiebeln kurz in kochendem Wasser blanchieren, sie in kaltes Wasser tauchen und abtropfen lassen; dann in ein Gratingefäß tun und sie mit etwas Fleischbrühe garen lassen, herausnehmen, nach dem Abkühlen die äußerste Schale entfernen und die Zwiebeln in kleine Stücke schneiden, mit Essig und Öl, mit Salz und Pfeffer würzen. Und dann könnten wir noch einen Zwiebelkuchen backen, eine Quiche lorraine vielleicht.

Du denkst natürlich, ich sei völlig verrückt geworden. Aber wenn ich mich nicht irre, ist doch die große Mode in diesem Herbst und Winter »Ton in Ton«. Warum sollte es das nicht auch kulinarisch geben, z. B. als Zwiebelton in Zwiebelton?

Wir sind es gewohnt, unsere Essen abwechslungsreich zu gestalten. Derart, dass auf einen Fisch sicher kein anderer Fisch oder gar Meertiere kommen – warum eigentlich? Eines der besten Essen, an das ich mich erinnere, hat eine junge Freundin aufgetragen; allerdings stammt sie aus dem Fernen Osten, und dort hat man in der Hinsicht – Ton in Ton – andere Ansichten: Sie machte eine Ente, aber das weiße Fleisch wurde anders präpariert als das dunkle, die Innereien ergaben noch eine Extraschale, und auch die Haut wurde für sich behandelt; verschiedene Gänge mit ein und demselben Tier.

Aber keine Angst, ich bin mit den Zwiebel-Spaghetti zufrieden, und ich freue mich darauf. Ich bringe dann ein Buch mit. Einen Gedichtband. Von Pablo Neruda. Dort findet sich die *Ode an die Zwiebel*. Eine im buchstäblichen Sinne »elementare Ode«, wo Du die Zeilen finden wirst:

Und wenn in der Küche
das Messer dich zerschneidet,
quillt die einzige
leidlose Träne.

Bis dann *Hugo*

Vom Reiz des Unreifen

13. Dezember 1975

Lieber Hugo,

dass Du mir die Gedichte von Neruda zum Mittagessen mitbringen willst – ich hoffe auf eine Gesamtausgabe, weil ich die Suhrkamp-Auswahl mit der Zwiebel-Ode schon besitze –, hat mich darauf gebracht, über das Verhältnis der Schriftsteller zum Essen ein wenig nachzudenken.

Du musst nun aber nicht fürchten, dass ich zu einem Exkurs über das Essen in der Weltliteratur ansetzen will – das ist ein zu weites Feld; was mich im Augenblick vor allem beschäftigt, ist die Mode deutschsprachiger Autoren, über ihre Erfahrungen beim Kochen zu berichten. Ob das einfach eine Reaktion des Individuums gegen den bedrohlichen Vormarsch der Nahrungsmittelindustrie mit ihren vorgekochten, tiefgekühlten und vakuumverpackten Speisen ist oder ob da die französischen Strukturalisten die Hand im Spiel haben, vor allem Lévi-Strauss, der mit seinen monumentalen Untersuchungen über *Le cru et le cuit* und *L'origine des manières de table* vielleicht ein im deutschen Sprachbereich lange Zeit tabuisiertes Thema salon- und literaturfähig gemacht hat?

Du gehörst schließlich auch zu diesen dilettierenden Gastronomen, und was mich bei Dir besonders wundernimmt: warum Du so gern über das Essen und das Kochen schreibst, obwohl beides in Deinen Büchern sozusagen keine Rolle spielt. »Gerade deshalb« wäre wohl eine allzu einfache Antwort.

Übrigens: Ich habe letzthin Herbert Heckmanns *Gastronomische Fragmente eines Löffeldilettanten* zur Rezension erhalten und darin ein vorzügliches Rezept für einen pikanten Orangensalat gefunden, das mich an den Zitronensalat erinnert, den ich in Sizilien kennenlernte.

Jetzt, wo Du in allen Geschäften nur die grünen, unreifen Zitronen der Früherernte bekommst, ist der richtige Augenblick für diese Delikatesse, denn diese Zitronen haben eine herbe Frische, die man bei den reifsten, in Sizilien direkt vom Baum gepflückten Früchten vergeblich sucht. Es ist ja ein reines Vorurteil zu glauben, dass nur reife Früchte gut schmecken: Das Unreife hat in der Gastronomie seinen Stellenwert genau wie das Überreife (oder beim Fleisch das Verwesende; Hautgout nennt man das beim Wildgeflügel euphemistisch).

Die frische Säure unreifer Früchte ist eine Geschmacksnuance, die unserer Küche fast verlorengegangen ist. Man weiß zwar, dass eine Gans mit sauren Äpfeln gefüllt am besten schmeckt; aber wo soll man solche Äpfel auftreiben? Auch den herben Apfelwein, der den Kutteln à la mode de Caen ihr köstliches Aroma verleiht, gibt es wahrscheinlich nur noch in der Normandie. Und die Saucen mit »unzeitigen« Stachel- oder Traubenbeeren, die man in alten Kochbüchern zur Begleitung von gekochtem Fisch und Geflügel findet, sind vollkommen in Vergessenheit geraten, und man kann nur hoffen, dass ein nostalgischer Küchenchef sie bald wiederentdecken wird.

Doch nun der Zitronensalat: Du schälst die Zitronen, schneidest sie in sehr dünne Scheiben, bestreust sie mit Salz und Pfeffer und begießt sie mit gutem Olivenöl. Das ist alles.

Buon appetito *Alice*

PS. Besonders pikant wird der Zitronensalat, wenn Du ihn mit etwas mildem Senf würzest. Das sieht allerdings nicht gerade schön aus, und ich wage Dir den Tipp auch nur deshalb zu geben, weil ich glaube, dass auch Du den kulinarischen dem rein ästhetischen Genuss vorziehst.

Über das Kulinarische

20. Dezember 1975

Liebe Alice,

ja, diese Schriftsteller und die Küche, die dilettierenden Köche, die eine Feder in die Hand nehmen und tun, als sei es eine Kochkelle.

Du fragst mich, wie es kommt, dass meine Helden praktisch nicht essen. Da muss ich gleich zur Korrektur greifen: In der *Kranzflechterin* gibt es die Szene, wo eine Schlachtplatte aufgetragen wird. Zugegeben, sie essen mehr wegen der Komposition als aus Hunger; so ausführlich sie sich der Schlachtplatte widmen, sie tun es als Kontrast zum Allerseelen- und Allerheiligentag; ich konnte mir kein besseres Menü vorstellen als eine Schlachtplatte mit spritzenden Blutwürsten, wenn es darum geht, jenen den Bauch zu füllen, die von den Toten leben.

Und doch habe ich ein schlechtes Gewissen, wenn ich im Verdacht stehe, ich würde meine Helden verhungern lassen. Gottlob ließ ich Noah im Hinblick auf die Sintflut für sich und seine Familie das Pökelfleisch erfinden und fürs Vieh Heu. Sicherlich, das ist nicht sehr abwechslungsreich, aber wer wird schon während der Sintflut so wählerisch sein. Und dann offeriert immerhin der Koch Noah all die Tiere, die dieser sich eben anschickt zu retten, auf einer Menükarte, gedämpft, geschmort und gesotten, und darunter sein Gesellenstück: »Gebratene Taube, mit einem Ölzweig im Schnabel«.

Aber Du hast schon recht, ich müsste, schon aus Gründen der Konsequenz, einmal einen Menschen dadurch charakterisieren, was er isst und wie er es tut. Falls ich diese Seiten je schreiben sollte, werde ich sie Dir widmen.

Es fällt mir ja auch auf, dass sich immer mehr deutschsprachige Schriftsteller übers Kochen äußern. Das mag verschiedene Gründe haben: vielleicht sogar Freude am Essen, es mag Snob-Appeal im Spiel sein, engagierter Hang zum Küchenpersonal, und sicher der versteckte Glaube, dass zur Kultur die Küche gehört. Deshalb brauchen sie ja auch unentwegt undeutsche Oliven oder siebzehn Arten Curry. Jedenfalls habe ich in Deutschland oft die Erfahrung gemacht: Wenn mich eine allzu selbstgerechte Tonart in der intellektuellen Diskussion störte, begann ich von Frankreich und seiner Küche zu reden, und die Tonart drehte von allein auf Sparflamme.

Es muss da aber noch einen ganz anderen Grund geben, meiner Meinung nach. In den letzten Jahren tauchte ein Schimpfwort auf, und das hieß »kulinarisch«. Auch jene, welche sich zuflüsterten, wo das nächste noch echte Italienerbeizli sei, waren gegen alles, was kulinarisch hätte sein können – vor allem in der Literatur und in der Kunst; sie vollzogen für den Bauch und den Kopf eine klassische Trennung, was dem einen bekam, durfte dem anderen nicht genug sein. Sogar die Sexualität durfte nicht eitel Freude bereiten, aber in der Küche und vor dem Herd, da durfte man kulinarisch sein, also das, was sonst verpönt war. Ist es nicht bezeichnend, dass vor einiger Zeit in Frankreich ein Buch Furore machte, das vom »Plaisir« der Lektüre sprach – man begann etwas zu entdecken, das zur Literatur gehört, auch wenn es sie nicht ausmacht. Aber deutsche Intellektuelle und Schriftsteller kasteiten sich mit Stringenz weiter. Deswegen bin ich überzeugt, dass die Küche, in der sich deutsche Intellektuelle und Schriftsteller aufhalten, nicht ein Ort ist, um Mahlzeiten zuzubereiten, sondern um ein gutes Gewissen einzumachen.

Aber vielleicht irre ich mich. Doch könnte ich mir denken, dass jetzt bald auch schweizerische Kollegen sich vermehrt der Küche zuwenden, sobald sie merken, dass ihre deutschen Pendants nicht mehr so zimperlich vor dem Kochtopf stehen. Ich hoffe nur, dass es dann bei uns nicht auf kalten Kaffee hinausläuft.

Was soll's – ich habe in der Küche noch so viele Reste und muss mir überlegen, was man alles daraus machen könnte. Und ich möchte diese Reste brauchen; denn ich verreise für längere Zeit und weiß nicht, wann ich mich wieder zu Worte melde.

Auf alle Fälle herzliche Grüße *Hugo*

Ein Flaubert der Kochliteratur

22. Dezember 1975

Lieber Hugo,

auch ich möchte Dir heute einen vorläufig letzten Brief schreiben, und ich hoffe, dass Dir meine kulinarischen Botschaften, auch wenn sie manchmal Zweifel an Deinem Kochtalent enthielten, doch hie und da fehlen werden.

Das hoffe ich vor allem, weil ich Dir einen ausgezeichneten Trost weiß: Du kaufst Dir am Samstag die Zeitung *Le Monde* und blätterst darin, bis Du zu der Rubrik »Plaisirs de la table« kommst, die seit vielen Jahren von einem Mann geschrieben wird, den ich als den Flaubert der Kochliteratur bezeichnen muss. Du wirst sehen, dass ich nicht übertreibe: Es gibt heute zumindest in Italien, Frankreich und im ganzen deutschen Sprachbereich keinen so sachverständigen und hochgebildeten Gastronomen, der die Kunst des Schreibens beherrscht wie dieser La

Reynière. (Der Name ist ein Pseudonym und verweist auf den ersten gastronomischen Publizisten Frankreichs, den exzentrischen Grimod de la Reynière, der von 1758 bis 1838 lebte.)

Er ist der Restaurantkritiker der Zeitung und übt seinen Beruf mit so viel kritischer Genauigkeit aus, dass manche Film-, Theater- oder Literaturkritiker neben ihm verblassen. Er ist kein Beizenbummler, sondern ein gastronomischer Rezensent, der jeden Tag zwei professionelle Mahlzeiten zu sich nimmt und dabei, wie er einmal geschrieben hat, nicht nur mit der Zunge kostet, sondern auch von bloßem Auge sieht, ob der Käse auf dem Teller seines Nachbarn zu salzig oder zu trocken und ob der Fisch verkocht oder à point ist. Er hat zum Beispiel mitten im Winter einmal einen Tomatensalattest in den fünf Dreisternrestaurants von Paris durchgeführt und entdeckt, dass der Salat in vier dieser stolzen Etablissements unsorgfältig, versalzen, ohne Kräuter oder mit mittelmäßigem Öl zubereitet war.

La Reynières Berichte orientieren aber nicht nur über Restaurants, sie sind zugleich eine unterhaltsame und undogmatische Einführung in die einfachen Geheimnisse der großen Kochkunst. Er denunziert unermüdlich das unechte Raffinement, die verdorbene Phantasie, die sich über die Grundharmonie der Rohprodukte hinwegsetzt, und zitiert, nachdem er ein kompliziertes Sole-Gericht gegessen hat, Boileau, der den Dichtern riet: »Wenn ihr sagen wollt, dass es regnet, so sagt ›es regnet‹«, und fügt bei: »So möchte ich vielen Küchenchefs ins Ohr flüstern: ›Wenn ihr eine Sole servieren wollt, so kocht sie einfach.‹« Und: »C'est si bon, une pêche sur un arbre, pourquoi manger une pêche Melba?«

La Reynière ist ein illuminierter Purist: Er hält nichts vom Flambieren, für grünen Pfeffer hat er nur trockene Ironie übrig, und er scheut sich auch nicht, das Soufflé als flüchtige kulinarische Eitelkeit, als »ein parfümiertes Nichts« zu verspotten. Und wenn er über den Geschmack eines Weines spricht – er tut das häufig –, so wird einem schmerzlich bewusst, wie viel reicher das Vokabular des Französischen zur Beschreibung von sinnlichen Qualitäten ist als dasjenige des Deutschen.

Bei seiner samstäglichen Lektüre wirst Du in Zukunft kulinarisches und literarisches Vergnügen haben.

Mit herzlichen Grüßen *Alice*

Zur Entstehung dieses Buches

Mit Alice Vollenweider als Autorin hatte die Redaktion der Beilage »Wochenende« in der *Neuen Zürcher Zeitung* eine kulinarische Rubrik geplant. An einem nicht mehr genau feststellbaren Tag mischte sich Hugo Loetscher, ein häufiger und gerngesehener Gast im »Wochenend«-Büro, ins Gespräch ein, sprudelte in gewohnter und uns immer willkommener Weise Anregungen und Ideen über den Tisch: Daraus entstand ein Briefwechsel, bei dem die Küchenfenster weit geöffnet wurden: Denn neben der Beschäftigung mit Kochen und Essen fiel den Briefschreibern so viel an Bezügen zu Geschichte, Kultur und Literatur ein, dass das Interesse an den wöchentlich erscheinenden Beiträgen bei Schreibern und Lesern ein Jahr lang anhielt.

Beide Autoren waren vorbelastet. Alice Vollenweider, Kennerin der italienischen Kultur, Literaturkritikerin und Gastrosophin, hat ihre Studien mit einer Dissertation über den »Einfluss der italienischen auf die französische Kochkunst im Spiegel der Sprache« abgeschlossen und ist seither der Verbindung von Literatur und Küche treu geblieben. Der Schriftsteller Hugo Loetscher war ein weitgereister (und mit vielen Küchen vertrauter) Journalist, der sich neben vielen andern Themen mit der Bedeutung und den Wandlungen der Fotografie beschäftigte und als ausgezeichneter Kenner von Lateinamerika, seiner Politik und Literatur galt.

Der kulinarisch-literarische Briefwechsel unter dem sprachschöpferischen Stichwort »Kulinaritäten« unterscheidet sich von anderen Kochbüchern nicht zuletzt dadurch, dass er mit einem wachen Sinn für Humor geschrieben worden ist. Die Korrespondenten, die jeweils selbst mit einer kleinen Spannung auf den Brief des andern warteten, haben es verstanden, sich geschickt die Bälle zuzuwerfen und gelegentlich auch Fußangeln anzubringen. Bei der Ablieferung eines neuen Manuskriptes stand dem Autor oder der Autorin häufig die lustvolle Frage im Gesicht: »Jetzt bin ich aber gespannt, was er – oder sie – darauf antworten wird.« Die Buchpublikation, die, im Gegensatz zur Erscheinungsweise in der Zeitung, kontinuierliche Lektüre ermöglicht, zeigt deutlich, wie elegant und amüsant Hugo Loetscher, stärker dem Teller als dem Kochtopf verbunden, und Alice Vollenweider, der ein »sentimentalischer

Zugang« zur Küche nachgerühmt wird, die freundschaftlich platzierten Hiebe gegenseitig zu parieren wussten.

Peter Zimmermann

Register der Rezepte

Bitte beachten Sie
auch die folgenden Seiten

Hugo Loetscher im Diogenes Verlag

Hugo Loetscher wurde 1929 in Zürich geboren. Er war seit 1969 als freier Schriftsteller und Publizist tätig und bereiste regelmäßig Lateinamerika, Südostasien und die USA. Hugo Loetscher war Gastdozent an verschiedenen internationalen Universitäten und Mitglied der Darmstädter Akademie für Sprache und Dichtung. 1992 wurde er mit dem Großen Schiller-Preis der Schweizerischen Schillerstiftung ausgezeichnet. Er starb 2009 in Zürich.

Wunderwelt
Eine brasilianische Begegnung

Herbst in der Großen Orange

Der Waschküchenschlüssel oder Was – wenn Gott Schweizer wäre
Geschichten
Auch als Diogenes Hörbuch erschienen, gelesen von Emil Steinberger

Der Immune
Roman

Die Papiere des Immunen
Roman

Die Fliege und die Suppe
und 33 andere Tiere in 33 anderen Situationen. Fabeln

Die Kranzflechterin
Roman

Abwässser
Ein Gutachten

Der predigende Hahn
Das literarisch-moralische Nutztier. Mit Abbildungen, einem Nachwort, einem Register der Autoren und Tiere sowie einem Quellenverzeichnis

Die Augen des Mandarin
Roman

Vom Erzählen erzählen
Poetikvorlesungen. Mit Einführungen von Wolfgang Frühwald und Gonçalo Vilas-Boas

Der Buckel
Geschichten

Lesen statt klettern
Aufsätze zur literarischen Schweiz

Es war einmal die Welt
Gedichte

War meine Zeit meine Zeit

Außerdem erschienen:

In alle Richtungen gehen
Reden und Aufsätze über Hugo Loetscher. Herausgegeben von Jeroen Dewulf und Rosmarie Zeller

Bei den Brunettis zu Gast

Rezepte von Roberta Pianaro
und kulinarische Geschichten von Donna Leon
Vignetten von Tatjana Hauptmann
Deutsch von Christa E. Seibicke
und Petra Kaiser

Köstliches mit und ohne Kalorien: 91 Rezepte, wie sie Paola in den Brunetti-Romanen kocht, aufgezeichnet von Donna Leons Freundin und Lieblingsköchin Roberta Pianaro. Als kalorienfreier Zwischengang sechs kulinarische Geschichten von Donna Leon sowie wunderschöne Vignetten von Tatjana Hauptmann. Brunettis Leibgericht, Paolas Apfelkuchen, ein Rezept von Brunettis Mutter und Donna Leons Lieblingsessen (Kürbisrisotto) – sie alle sind in diesem Buch versammelt. *Bei den Brunettis zu Gast* ist ein literarisches Kochbuch über die venezianische Küche, zum Schmökern – und zum Nachkochen.

»Wenn es in meinen Büchern ums Essen geht, wird alles plötzlich langsamer, die Handlung, die Charaktere beruhigen sich. Ich glaube, dass jeder am Tisch wieder Kind wird, man fühlt sich sicher, geborgen, redet freier, weil man mit vertrauten Menschen zusammensitzt.«
Donna Leon im Gespräch mit dem ›Feinschmecker‹ bei Kürbisrisotto und Vongole

Robert J. Courtine
Simenon und Maigret bitten zu Tisch

Die klassischen französischen Bistrorezepte
der Madame Maigret
Aus dem Französischen von Pierre F. Sommer

Original französische Bistrorezepte und die traditionellen Gerichte von Madame Maigret, gesammelt von einem der führenden Gastrokritiker Frankreichs.

Jeden Abend, wenn er beim Nachhausekommen seinen Hut an den Garderobenhaken hängt, versucht der Kommissar zu erraten, was Madame Maigret heute wieder Gutes für ihn gekocht hat: einen Rindsbraten mit Zwiebeln und Speck, ein Kalbsfrikassee, eine Mirabellen-Tarte oder gar einen Mandelkuchen?
Wenn es in Maigrets Verhören hart auf hart geht, trägt eine herzhafte Suppe, ein Bier oder ein Cognac aus der Brasserie Dauphine wesentlich dazu bei, die Zungen der Verbrecher endlich zu lösen.
Robert J. Courtine, unter dem Pseudonym ›La Reynière‹ Kolumnist und Gastrokritiker bei der französischen Tageszeitung *Le Monde* und langjähriger Freund Simenons, hat die Gerichte aus den Maigret-Romanen bis zu ihren Ursprüngen zurückverfolgt.
Begleitet wird die Rezeptsammlung von kurzen Zitaten aus den 75 Maigret-Romanen, von stimmungsvollen Schwarzweißfotos aus dem Paris der 1950er Jahre, einem Glossar und Tipps, welche geistigen Getränke zu den einzelnen Gerichten passen.

»Robert Courtine gab die Rezepte zu Maigrets Lieblingsspeisen mit den entsprechenden Roman-Zitaten unter dem Titel *Die Rezepte von Madame Maigret* heraus – so als hätte Frau Louise wirklich gelebt und auch noch ihre Rezepte hinterlassen.«
Der Spiegel, Hamburg

»Eine Sammlung köstlicher und gut nachkochbarer Rezepte.« *The New York Times*